POÉSIES DIVERSES

PASSE-TEMPS D'UN GOUTTEUX

TYPOGRAPHIE

MONNOYER AU MANS

RECUEIL

DE POÉSIES DIVERSES

PASSE-TEMPS D'UN GOUTTEUX

PAR M. LE COMTE MAX DE P***

MEMBRE D'UNE INFINITÉ DE SOCIÉTÉS PLUS SAVANTES LES UNES QUE LES AUTRES

Tous les genres sont bons, hors le genre ennuyeux

(*Boileau*)

A PARIS

CHEZ SANPAIN, 120, RUE DES JEUNEURS

M DCCC LIII

NOTE DE L'ÉDITEUR

Les nombreux Lecteurs du présent Recueil sont prévenus que l'orthographe des mots donnés à deviner dans les charades est d'une exactitude rigoureuse.

ÉPITRE DÉDICATOIRE

A MADAME LA VICOMTESSE DE R***

Madame,

Ma soumission à vos moindres désirs peut seule me décider à faire le sacrifice de mon amour-propre, lorsque, pour vous complaire, je livre au public le Recueil de mes œuvres.

Serait-ce prétendre à trop de gloire que de le faire paraître sous vos auspices, comme un monument des bontés dont vous daignez m'honorer ?

J'ose vous prier de vouloir bien en accepter la dédicace.

Un témoignage de bienveillance aussi éclatant, en prévenant favorablement mes Lecteurs, m'assurera leur indulgence.

J'ai l'honneur d'être,

Madame,

Avec un respectueux dévouement,
Votre très-humble et très-obéissant serviteur,

Comte Max de P***

PASSE-TEMPS D'UN GOUTTEUX.

LE PREMIER ACCÈS DE GOUTTE DE L'AUTEUR,

ANNONCÉ A Mme LA VICOMTESSE DE R***, SA COUSINE.

Air : **Tous les bourgeois de Chartres.**

Malgré sa soixantaine,
Leste comme à trente ans,
Votre Cousin du Maine
Narguait les jeunes gens,
Et chacun se disait,
En voyant son allure :
Un aussi vert gaillard est fait
Pour vivre autant qu'Henri Genskait,*
J'en ferais la gageure.

* Matelot américain qui vécut 167 ans (HISTORIQUE).

Air : Il était un p'tit homme.

Mais voici que la goutte,
Par arrêt clandestin
Du destin,
Prend sa feuille de route,
Quitte un gros Célestin
Florentin,
Le Père Augustin,
Franchit l'Apennin,
Et s'abat un matin,
Avant le jour,
Comme un vautour,
Sur le pied du Cousin.

Air : Le premier du mois de janvier.

Assailli dans l'obscurité,

Comment aurait-il résisté ?
L'attaque était trop imprévue!
N'usant que de moyens honteux,
De tout sentiment généreux
On sait la goutte dépourvue.

Air : O filii et filiæ !

Après quinze jours écoulés,
Jours de fer et de plomb filés,
La douleur bagage plia,
Alleluia, Alleluia, Alleluia,
Alleluia.

MADAME DE ***,

FÊTÉE, LA VEILLE DE LA SAINT-RENÉ, PAR LES HABITANTS DE SON VILLAGE.

—∞—

Air : Rien ne m'échappe,

OU

De la contredanse de la rosière.

Vite on carillonne,
Le tambour résonne,
Bientôt la colonne
Fait son mouvement.
En belle toilette,
Sans nulle étiquette,
La troupe qu'on guette
S'avance gaîment.

Vieillards et drilles,

Mères et filles
Passent les grilles ;
Tandis que les gens
Prennent, châtient
Les chiens qui crient
Et que défient
De malins enfants.

Feu de billebaude
Que commande Claude,
A mainte badaude
Fait jeter un cri.
Madame RENÉE
Feint d'être étonnée ;
La voilà cernée.
Quel charivari !

 « *Bonjour, Thérèse,*
 « *Marine, Blaise,*

« *Bonjour, Nicaise,*
« *Vous tous, mes amis,*
« *Je vous salue,*
« *Votre venue*
« *Me rend émue :*
« *J'en sens tout le prix.* »

Sur une serviette
Bien fine, bien nette,
La jeune Toinette
Présente un gâteau.
Madelon s'avance,
Fait la révérence,
Et prend la licence
D'offrir son agneau

Blain* *se redresse,*

---

* Jardinier du château, vieux soldat.

Puis il adresse
A sa maîtresse
Un long compliment
Qu'on a fait faire
Par le notaire,
Ou le vicaire,
Pour ce beau moment.

Les bouquets se donnent,
Les fusils détonent,
Les danses s'ordonnent ;
Et sur un tonneau,
L'artiste qu'on hisse,
Fait, comme un Jocrisse,
Sous l'archet novice,
Gémir le boyau.

Chacun se pousse,
On se trémousse,

Le pied retrousse
Plus d'un cotillon.
Jean saute en place,
Louison déchasse,
Tout s'embarrasse
Dans ce tourbillon.

Au fond de la pièce
La table se dresse;
Le vieillard caresse
Son cruchon de vin.
Avant qu'on l'entame,
D'abord on proclame
De boire à Madame
Tout le jus divin.

Enfin la foule
Part et s'écoule.
La nuit déroule

Ses voiles épais.
Dans le village
On se partage;
Chaque ménage
Va dormir en paix.

NOTE DE L'ÉDITEUR.

Par décision du ministre de l'instruction publique, la chanson qu'on vient de lire a été imprimée à 10,000 exemplaires, et répartie entre tous les colléges de France, pour servir de modèle de poésie descriptive.

Iᵉʳ BOUT-RIMÉ.*

(**Mots donnés.**)

Tous les hommes déchus de leur noble...... Origine,

Dans le vice endurcis, morts sans.......... Contrition,

Doivent être, en enfer, mis à la............ Crapaudine,

Ou subir les horreurs de la............... Natation

Dans un gouffre profond qu'une immense.... Machine,

Tenant toujours de l'huile en .... Ébullition,

A grands flots remplira! Quelle affreuse.... Piscine!

Vous taxez ce tableau de pure............. Fiction,

Messieurs les esprits forts! Selon vous, je.... Badine!

Ah! profitez plutôt de ma................. Prédiction ;

Car si Satan, un jour, vous tient en sa...... Cuisine,

Vous sortirez trop tard de votre.. ... . Illusion.

* Bout-Rimé, au singulier, une pièce de vers composée sur des rimes données. (Voir le *Dictionnaire de l'Académie.*)

1ʳᵉ CHARADE.

Qui veut se faire mon second
Souvent mon premier martyrise;
Et, je le demande, à quoi bon
Commettre une telle sottise?
Mon entier brille au firmament;
On le voit aussi sur la terre,
Tantôt agile, tantôt pierre,
Dessus ou dans un monument.

2ᵉ CHARADE.

Au bruit de mon premier, si tu ne te réveilles,
Je te donne un brevet de sourd des deux oreilles.
Dans mon second aussi s'entendent des clameurs,

On y fait sans pitié battre sœurs contre sœurs.
Mon tout, ami lecteur, asile du silence,
D'un pas tranquille et lent en nos cités s'avance.

MADAME LA VICOMTESSE DE R***

AYANT TÉMOIGNÉ AU POÈTE DES RIVES DE LA SARTHE LE DÉSIR DE LE VOIR DAGUERRÉOTYPER, REÇUT A CETTE OCCASION LES VERS SUIVANTS :

SONNET.

De jeunes femmes un essaim
Veut que de l'art photographique
Chez moi commence un cours pratique ;
Le jour est pris, venez demain.

On me verra, d'un tour de main,
Escamoter pont, quai, boutique,
Du Louvre le guichet gothique;
La Seine voudra fuir en vain.*

Tous ces objets en ma puissance,
Devant l'honorable assistance
Seront gravés à la vapeur.

De ce beau procédé naguère
Nous a dotés le grand Daguerre.
Gloire immortelle à l'inventeur!

ENVOI.

Tandis que vous dormez sur l'une ou l'autre oreille,

* L'auteur demeure quai Voltaire.

Pour vous, en ce moment, ma cousine, je veille;
Trop heureux si j'obtiens, pour prix de ce sonnet,
De votre chansonnier le modeste brevet.

NOTE DE L'ÉDITEUR.

La poésie est tellement négligée de nos jours, que bien peu de personnes sont dans le cas d'apprécier le mérite d'un sonnet.

Quelques lecteurs me sauront gré, peut-être, de rappeler ici les règles pleines de difficultés de ce genre de composition.

Un sonnet est formé de quatorze vers de mesure pareille, partagés en deux quatrains et un sixain.

Ces deux quatrains doivent avoir des rimes masculines et féminines semblables, que l'on entremêle dans l'un de la même manière que dans l'autre.

Le sixain commence par deux rimes pareilles, et il y a, après le troisième vers, un repos qui le coupe en deux parties appelées tiercets, c'est-à-dire stances de trois vers.

On observe encore de n'y pas répéter le même mot, de même que l'on ne tolère rien qui n'ait un rapport essentiel avec ce qui en fait le sujet.

Ces conditions sont si gênantes, que nous n'avons que très-peu de bons sonnets, ce qui faisait dire au législateur du Parnasse, dans son *Art poétique* :

« Un sonnet sans défaut vaut seul un long poëme. »

Honneur donc au poëte manceau d'avoir surmonté avec tant de bonheur d'aussi grandes difficultés.

Iʳᵉ ÉNIGME.

A l'état froid, à l'état chaud,
Avec raison on me redoute.
Je viens d'en bas, je viens d'en haut,
Souvent en tremblant on m'écoute.
Mais bien que je jette l'effroi
Dans mainte et mainte circonstances,
Nombre de gens mettent en moi,
Vous le savez, leurs espérances.

3ᵉ CHARADE.

A UN JEUNE HOMME, M. EUGÈNE DE L***, QUI SE LAMENTAIT DE N'AVOIR PAS D'ARGENT.

Si mon premier vous appartenait
Mon entier ne connaîtrait pas mon second.

PORTRAIT DE LISE.

POT POURRI.

Air : **Ah! le bel oiseau, vraiment.**

Noble sans être imposant,
Couronné d'une perruque,
Sillonné, jaune et luisant,
Que son front est séduisant!
De l'éclat audacieux
D'une trop vive lumière
Il garantit deux gros yeux,
Sous sa voûte hospitalière.
Noble sans être imposant,
Couronné d'une perruque,
Sillonné, jaune et luisant,
Que son front est séduisant!

Air : A la façon de Barbari.

Son large nez tombe en festons,
Et sa bouche pendante
Montre au plus hardi des mentons
Trois dents, reste de trente ;
Pour mon malheur, en tapinois,
Ce joli minois,
Frais comme un anchois,
Me lorgna, mais si tendrement,
Que vraiment
J'en perdis l'appétit
Et l'esprit.

Air : J'ai vu partout dans mes voyages.

Figurez-vous un obélisque
Coiffé de ce masque enchanteur,

Tel est le cou nerveux, étique,
De l'objet de ma tendre ardeur.
La Vénus de feu Praxitèle,
Si ce grand artiste vivait,
Serait encor cent fois plus belle,
De Lise il ferait le portrait.

Air : On nous dit que la sympathie.

VALSE.

Vous peindrai-je ici de ma mie
Ce que recèle le corset ?
Un professeur d'anatomie
Envîrait un pareil sujet.
   Taille d'automate,
   Courte, large, plate,
   Saillante omoplate,
   Font de ma beauté
   Le parfait modèle

De ce qu'on appelle
Une déité.
Mais je crains, en chantant ma Lise,
D'avoir été trop indiscret.
Mes lecteurs, sans qu'on le leur dise,
Voudront bien garder mon secret.

2ᵉ BOUT-RIMÉ.

(**Mots donnés.**)

J'aimerais mieux coucher avec un...... ...... Hérisson,
Épouser à l'instant une vieille............ Écaillère,
Me promenant, l'hiver, en simple......... Caleçon,
Prendre un bain à la glace en belle eau de... Rivière,
Que d'aligner ici des vers sur tous ces...... Mots.
Exigez des chansons, je vais, sans plus..... Attendre,
De la folle déesse empruntant les.......... Grelots,
A vos joyeux désirs essayer de me......... Rendre;
Mais souffrez qu'en ce jour, maître de mon... Sujet,
Dirigeant à mon gré le cheval de.......... Persée,*
Je rime en liberté. Me saisir au........... Collet,
Torturer mon esprit et gêner ma.......... Pensée,
C'est me traiter, Madame, avec trop de..... Rigueur.
Loin de vous en vouloir, de vous en faire un.. Crime,

* PÉGASE, qui était la monture d'Apollon et celle des Muses.

Tourment qui vient de vous est encor du..... Bonheur,
Et je rends grâce aux dieux d'être votre..... Victime.

4ᵉ CHARADE.

Qu'est-ce que mon premier ? Vous allez le savoir.
De sentiments divers interprète fidèle,
Nous le connaissons tous et ne pouvons le voir.
Acteur dans certains jeux, présent où l'on querelle,
Jeté par celui-ci, poussé par celui-là,
De se le renvoyer semble une jouissance
Dont l'excès peut forcer à mettre le holà.
Mais j'en dis beaucoup trop pour votre intelligence.
Passons à mon second : il est, pour son malheur,
Obligé, chaque jour, de faire des victimes.
L'homme saisit soudain l'innocent malfaiteur,
Et le condamne à mort pour ses prétendus crimes.

A ma juste valeur sachant m'apprécier,*
Je suis placé trop bas pour craindre mon entier.

5ᵉ CHARADE.

Sans jamais se faire prier,
On obéit à mon premier.
Un tel acte de complaisance
Reçoit toujours sa récompense.
Vous qui possédez mon second,
Sans pouvoir en trouver le fond.
N'oubliez pas que sur la terre
Tout malheureux est votre frère,
Et que s'il porte mon entier,
Ses larmes on doit essuyer.

* C'est l'auteur qui parle.

Ier LOGOGRIPHE.

Cinq lettres composent mon nom :
Dans une certaine industrie
Dont s'honore notre patrie,
Il s'est acquis quelque renom.
De droite à gauche il peut se lire
Et l'on a toujours même mot.
Ce n'est sornette ni fagot.
De vous comment oser se rire!
Sur quatre de ses pieds, lecteur,
Il devient terme de marine,
Sur trois le bas d'une colline,
Sur deux sans lui point de chanteur ;
Mais là n'est pas tout le problème.
Si je ne craignais d'ennuyer,
Je pourrais encore essayer
D'allonger tant soit peu mon thème.

Coupez, vous dirais-je, sa tête,
Puis retranchez aussi sa queue,
Vous verrez sa nouvelle tête,
Semblable à sa nouvelle queue.

MADAME LA COMTESSE DE C***

AYANT DEMANDÉ AU POËTE DES RIVES DE LA SARTHE DE LUI PRÊTER SA BOITE A COULEURS, CELUI-CI S'EMPRESSA DE LA LUI ENVOYER AVEC LES COUPLETS SUIVANTS :

Air : Grenadier, que tu m'affliges.

Modeste boîte à peinture,
Faite de simple noyer,
Sans ornements, sans dorure,
Quoi, vous daignez m'employer !

Comptant sur votre indulgence,
Je viens, Madame, en ce jour,
   Vous offrir ma
     Palette,
     Molette,
     Jambette,
Crayons, brosses et couleurs.

Longtemps je fus confinée
Dans l'atelier d'un croûton,[*]
Qui barbouillait à l'année
Panneaux, toiles et carton.
Le pauvre homme avait beau faire,
Travailler comme un forçat,
   Il fut toujours
    Copiste,

[*] On appelle de ce nom un barbouilleur de peinture.

Artiste
Fort triste,
Jugez de mon désespoir!

Enfin le destin propice
M'arrache à l'obscurité;
Souvent son heureux caprice
Mène à la célébrité.
Mes pinceaux jadis rebelles
Vont obéir à vos lois.
On les verra
Dociles,
Faciles,
Habiles
Sous les doigts de la beauté.

6ᵉ CHARADE.

—∞—

Un oiseau de triste renom
De mon premier porte le nom.
S'il brave hardiment la tempête,
Devant l'homme, à terre, il s'arrête,
Et tombe bientôt sous les coups
De chasseurs armés de bambous.
Catesby, Buffon, Lacépède,
En parlant du pauvre bipède,
Sont unanimes sur ce fait,
Avant eux cité par Fichet.
Le même nom, lecteur, se donne,
Hélas! à certaine personne
Dont chacun de nous plaint le sort,
Cent fois plus cruel que la mort.
Mon second, de basse origine,
Ame d'une bonne cuisine,

Doit être blanc comme du lait ;
Sans lui maigre chère on ferait.
S'il est de fabrique françoise,
Mon entier n'a rien qui nous plaise ;
Mais que des flots un doux parfum
(Qui se donne avec l'eau d'alun)
Nous trompe sur son origine,
Vite le marché se termine.

LES CHOUX VENGÉS.

RÉPONSE DE L'AUTEUR A DE MAUVAIS PROPOS TENUS DEVANT LUI SUR LE COMPTE DE SES BONS AMIS LES CHOUX.

Air : Potage à la Julienne.

Par grâce un gastronome,
Disciple de Berchoux,[*]
Relègue sous le chaume
La famille des choux.
Trop modeste légume,
Que l'on ose outrager,
Daigne accepter ma plume,
Laisse-moi te venger (bis).

[*] Auteur de la *Gastronomie*, poëme.

Dans la noble marmite
Du plus fier potentat
Le chou, par son mérite,
Figure avec éclat;
Et cet ami de l'homme,
Le fait est bien prouvé,
Du Japon jusqu'à Rome
Partout est cultivé (bis).

Air : J'ai vu partout dans mes voyages.

En traitant de son droit d'aînesse
Quel sot marché fit Esaü!
Comment! un mauvais plat de vesce *
Est tout ce qu'il en aurait eu!
Au choux si du moins un potage
Eût de la vente été le prix,

* La vesce est de la famille des lentilles.

On le concevrait davantage,
Nul alors n'en serait surpris! (b:)

Des mets que le palais préfère,
Nous disons « J'en fais mes choux gras. »
Que dit Lubin à sa Glicère?
« Mon petit chou, viens dans mes bras! »
Ce fut à Vénus un chou-pomme
Qu'offrit le berger phrygien;
De plaire, Pâris n'était homme
A négliger un tel moyen (bis).

7ᵉ CHARADE.

Mon premier, mon second, enfants du même père,
Nés très-loin l'un de l'autre, et cependant jumeaux,
Au monde sont venus sans avoir eu de mère.
Contre un pareil début on va s'inscrire en faux,
Le taxer tout d'abord de récit incroyable;
Mais sachez qu'en mes vers je me fais une loi
De ne rien avancer qui ne soit véritable;
Or, ce que vous lisez est article de foi.
Les deux frères susdits n'habitent pas la France.
Si de les visiter vous êtes désireux,
Les chemins sont ouverts, partez en diligence,
Ou plutôt demeurez, je vais vous parler d'eux.
On les rencontre aux champs et dans plus d'une ville;
N'y séjournant jamais, on les y voit toujours;
A tout venant, lecteur, bien qu'ils donnent asile,
Gardez-vous d'implorer leur funeste secours.

Il arrive parfois que, sans être en colère,
Ces jumeaux furieux sèment le désespoir ;
Mais tout le mal qu'ils font étant involontaire,
Victime, on en gémit, comment leur en vouloir ?
Entouré des parfums que son cortége exhale,
Mon entier, dont enfin il est temps que je parle,
S'annonce en plus d'un lieu par le son argentin
Qui vibre sous les coups d'un lourd marteau d'airain.
Toute affaire aussitôt demeure suspendue,
Chacun veut, à l'envi, fêter sa bienvenue,
On l'entoure, on s'empresse, et, pour lui faire honneur,
Nous montrons quelquefois une trop vive ardeur.

8ᵉ CHARADE.

On sait le goût des Grecs pour les fêtes publiques,
Et comme ils étaient fiers de ces jeux olympiques
Consacrés, en Élide, à leurs divinités.
Mon premier figurait dans ces solennités
Où les rois, les éphores, en de telles journées,
Voyaient, non sans orgueil, leurs têtes couronnées.
En parlant d'un défaut qu'on blâme avec raison,
Mon second très-souvent sert de comparaison.
La chose que mon tout dans notre langue exprime,
Lecteur, humble produit du prix le plus minime,
Se trouve rarement chez un être indigent,
Réduit à s'en passer, faute d'un peu d'argent.
Faire, donner ce tout, est œuvre charitable;
On peut encore ainsi soulager son semblable.

2ᵉ ÉNIGME.

Je suis un type imaginaire
Auquel on prête trop d'esprit ;
Mes caquets ont le don de plaire,
Et, sans examen, on en rit.
Loin de blâmer l'inconvenance
De tous les propos que je tiens
Avec une insigne impudence,
Propos d'ailleurs très-peu chrétiens,
On aime que ma voix mordante
Déchire en faisant des portraits.
Plus je médis et plus j'enchante
Par le cynisme de mes traits. *

---

* Le mot de cette énigme est le même que celui du logogriphe suivant.

2ᵉ LOGOGRIPHE.

Neuf est le nombre de mes pieds.
Si je suis en votre présence,
Presque jamais je ne m'assieds ;
Ainsi le veut la convenance.
Du reste, en toute liberté,
Et c'est là ce qui me console,
Sur le pied de l'égalité
Je prends et coupe la parole.
On trouve en moi de Jupiter
Un des surnoms, un quadrupède,
Ce dont on se plaint en hiver,
Un saint, un sauvage bipède.
Enfin, car il faut en finir,
Cherchez en moi ce qui se porte
Et laisse un triste souvenir,
Quand on n'y va pas de main morte.

3ᵉ ÉNIGME (SOUS FORME DE STANCES).

AVANT-PROPOS

Souffrez qu'ici pour un infortuné,
Par le destin au mépris condamné,
J'ose, en mes vers embrassant la défense,
Solliciter un peu de bienveillance.

Dans les premiers moments de sa tendre jeunesse
Mon client est choyé, souvent on le caresse.
Devant quelques amis, en petit comité,
Le montrer satisfait certaine vanité.

Une telle faveur, de trop courte durée,
Bientôt au nouveau-né brusquement retirée,
Nous prouve que sur elle il ne faut pas compter;
Mais l'enfance l'ignore et la doit accepter.

Plus tard, mon protégé, grâce à votre injustice,
Pour de légers méfaits dont il n'est pas complice,
Sent retomber sur lui des actes de rigueur
Qui, soit dit entre nous, vous font très-peu d'honneur.

Cet ange de douceur, innocente victime
Dont la plainte ici-bas serait si légitime,
Comme un être au malheur dès longtemps désigné,
Souffre, se tait, pardonne, à tout est résigné.

Son noble dévouement dure autant que sa vie;
De lui nous recevons, et sans qu'on l'en convie,
Dans mainte occasion les utiles secours;
Il est le compagnon des bons et mauvais jours.

Comment reconnaît-on les services sans nombre
Que cet ami discret sait nous rendre dans l'ombre?
En lui tournant le dos! Un regard de bonté
Serait dû cependant à son humilité.

*Vous le lui refusez : c'est un objet infime
Auquel, à vous entendre, on ne doit nulle estime.
Que je serais heureux si mes faibles accents
Vous faisaient revenir à d'autres sentiments!*

SOUVENIRS D'UNE VISITE

FAITE PAR LE POÈTE DES RIVES DE LA SARTHE AU **MARQUIS DE S**^te^**-CROIX** (ROBERT), SON COUSIN, **VIEILLE GLOIRE DE L'EMPIRE**, **JAMBE DE BOIS**, ETC., ETC.

—∞—

Sous le nom de rivière un modeste ruisseau
(La vérité jamais ne doit être voilée)
Baigne de Vimoutiers la superbe vallée.
A mi-côte se voit des d'Osmond le berceau.
Un digne rejeton de cet ancien lignage,
Héritier des vertus de cent nobles aïeux,
Loin des regards du monde exerce dans ces lieux,
Châtelain philanthrope, un touchant patronage.
Riche de souvenirs, et plein de mon sujet,
Je voulais en beaux vers vous apprendre sa vie,
Raconter les plaisirs que l'on goûte à Survie, *

---

* Nom de la commune dans laquelle est le château de Sainte-Croix.

Mais ma muse aussitôt s'oppose à ce projet.
« Renonce, me dit-elle, à ta folle entreprise;
« Malherbe au petit pied, respecte Sainte-Croix.
« Quels titres sont les tiens pour chanter ses exploits ?
« Trop mince est ton talent, reconnais ta sottise. »
A ces mots, me forçant de prendre un mirliton, *
Elle brise en mes mains la trompette héroïque...
Adieu donc les grands vers et mon poëme épique;
Par ordre, il le faut bien, je dois changer de ton.

Air : La boulangère a des écus.

Robert, un beau jour, me manda
Qu'il tenait cour plénière,
Et moi d'enfourcher mon dada
Sans bride ni croupière.
J'arrivai, puis chacun vida

* Sorte de flûte à l'usage des enfants.

Plus d'une fois son verre, vida
Plus d'une fois son verre.

Air : Toujours, toujours, il est toujours le même.

Viennent d'abord les doux propos d'usage :
Ma foi, mon cher, soit dit sans compliments,
Sur vous la faulx du Temps
N'exerce pas d'outrage;
Croyez-en vos parents,
Vous pouvez de dix ans,
Cousin du Mans,
Dissimuler votre âge.

RÉPONSE DU COUSIN.

—∞—

Même air.

Sur vos santés je tiens même langage.
Chacun de vous de son lot est content ?

Mme DE MONTAGU (Sœur de Robert).

Non pas, en cet instant !

M. DE MONTAGU.

Et moi, pas davantage.

Mme DE MONTAGU.

Je marche en tremblotant. *

---

* Elle venait d'avoir une entorse.

M. DE MONTAGU.

Mon oignon grossit tant!...

LE COUSIN DU MAINE.

*Mais nonobstant
Vous avez bon visage.*

Air : De la contredanse de la Rosière

ou

Rien ne m'échappe.

*Sur son beau domaine,
Le bon capitaine
Bientôt me promène
Par monts et par vaux.
Je vois et j'admire
Son petit empire,
Le parti qu'il tire
D'utiles travaux.
    Ici s'engraissent*

Vaches qui paissent;
Plus loin paraissent
De nombreux troupeaux.
Là sont des hommes
Chargeant de pommes
Deux mille sommes *
Dans de longs banneaux.

Les pressoirs gémissent,
Les cuves s'emplissent,
Des brûleurs ** *fourbissent*
Bouilloire et tuyaux.
La sage ordonnance,
Qui double l'aisance,

* Mesure de capacité.

** On donne le nom de brûleurs aux hommes qui font l'eau-de-vie.

A réglé d'avance
Ces mouvants tableaux.

Mais l'heure approche
Où de la broche
LOUISON *décroche*
Lapins et perdreaux.
A rentrer vite
Robert m'invite.
Adieu, beau site,
Vallons et coteaux.

Air : Accompagné de plusieurs autres.

Dans le salon, à pas comptés,
Comme un doyen des facultés,
Parmi nous GABRIEL *s'avance.* *

Maître d'hôtel du seigneur châtelain.

Blanche cretonne est à sa main, *
Drapeau que suit toujours la faim.
Vers le banquet chacun s'élance.

Air : De la croisée.

L'Amphitryon sur son dîné
Jette un regard de complaisance ;
Il est vrai que les yeux, le nez,
Entrent d'abord en jouissance.
On voit du Cuisinier français **
En ces lieux un brillant élève,
Dont la place est dans un palais ;
Je crains fort qu'on ne nous l'enlève (bis).

---

* On donne le nom de cretonne à la toile pour serviettes, draps et linge de corps de la fabrique de Vimoutiers.

** Chez Prourat frères, 2 vol. in-8°.

Air : Que ne suis-je sur la fougère

OU

Vos beaux yeux, belle Rémonde.

Des couteaux et des fourchettes
Commence aussitôt le bruit.
Plus de bons mots, de sornettes,
Nul ne fait assaut d'esprit.
Enfin du premier service
Les débris sont emportés;
De gais propos sans malice
Partent de tous les côtés.

Air : A la façon de Barbari.

Arrive un énorme jambon
  A blonde chapelure;
Douter un instant qu'il soit bon
  Serait lui faire injure.
Sur deux rangs en ordre pressés,
  Sans être entassés,

Avec art placés,
Les plats montés et de douceur
Font honneur
Au cordon bleu décorateur
Et sculpteur.

Air : Et gai, gai.

Et zon, zon,
Amis, à Louison
Tressons une couronne.
Et zon, zon,
Amis, pour Louison
Des feuilles à foison.
A défaut d'autre chose
Ce pourpier sera bon,
Le persil de l'Alose,
Le laurier du jambon.
Et zon, zon,
Amis, à Louison
Tressons une couronne.

Et zon, zon,
Amis, pour Louison
Des feuilles à foison.

Le dîner terminé, le cousin du Maine remonta sur sa bête, toujours sans bride ni croupière, et revint chez lui

3ᵉ BOUT-RIMÉ.

	(Mots donnés.)
Est-ce pour m'engager à vous faire un....	Rondeau
Que de ces mots donnés on l'a mis à la.....	Tête ?
Ce serait, de nos jours, un fort triste.....	Cadeau ;
Et, dans votre intérêt, j'annule la.........	Requête.
Jetant d'abord les yeux sur le nom de......	Crispin,
J'ai cru qu'il s'agissait d'une....	Plaisanterie ;
Mais bientôt j'aperçois le vénéré..........	Crépin,
Venant, vous le voyez, avec sa...........	Confrérie.
Je leur cède la place et vous fais mes.......	Adieux :
Un pauvre chansonnier, en pareille.......	Occurrence,
Sait se rendre justice : il doit quitter ces....	Lieux.
Ainsi le veut, lecteur, la stricte..........	Convenance.

4ᵉ ÉNIGME.

Je présente ici-bas de singuliers contrastes :
Emblême de douleur en certains jours néfastes,
Vous me voyez aussi, dans de joyeux ballets,
Suivre nymphe légère au milieu des bosquets.
De vivre sous ma loi, me consacrer sa vie,
De tout temps, on le sait, excita peu l'envie.
Enfin, ami lecteur, des jeunes et des vieux,
Sans qu'ils puissent me voir je suis devant les yeux.

5ᵉ ÉNIGME.

A droite comme à gauche on peut lire mon nom,
Et pour exemple ici je cite le mot NON.
Qui me porta jadis fut un saint personnage
Aussi riche en vertus que léger de bagage.

4ᵉ BOUT-RIMÉ.

—∞—

                                                                (Mots donnés.)

Je viens de l'Institut; quel foyer de........ Lumière !!!
Pendant certain rapport fait sur une....... Ratière,
Nos savants suçaient tous de vieux os de..... Mouton,
En se passant un pot de graisse de......... Jeton.[*]
BLAINVILLE [**] *a la parole, il parle*........ Cétacée;
De le subir longtemps la tribune est........ Forcée;
Puis on nous lit des vers à donner le....... Frisson,[***]
Sur les peines de cœur d'un tendre......... Limaçon.
Du collègue s'admire et la verve et la...... Touche.
Restait à disséquer le gésier d'une......... Mouche;
Mais, par bonheur, il tombe au fond d'un... Encrier,
Et chacun de sortir sans se faire.......... Prier.

---

[*] Le poëte des rives de la Sarthe fait ici allusion à l'extraction de la gélatine des os.
[**] Grand académicien à l'endroit des bêtes mortes et autres.
[***] Une fable de M. V.

9ᵉ CHARADE

DÉDIÉE A Mˡˡᵉ SIDONIE DE S***

Avec mon premier, cher lecteur,
Nous battons souvent la campagne,
Faisant des châteaux en Espagne
Qui nuisent à notre bonheur.
De mon second que vous dirai-je ?
Il est tantôt blanc, tantôt noir,
Et jamais on ne peut le voir
Qu'entouré de tout son cortége.
Si je vante de mon entier,
Objet de tendre sympathie,
Les grâces et la modestie,
Personne ne fait mon dernier.
Son esprit rempli de finesse
Se revêt de tant de bonté,
Si grande est son aménité,
Qu'il séduit jusqu'à la vieillesse !

6ᵉ ÉNIGME.

De la zone torride aux plus âpres climats,
Tout ce qui vit, se meut ou végète ici-bas,
Du Très-Haut a reçu chacun sa destinée.
A toujours voyager moi je suis condamnée;
Et des flancs maternels sortant non sans efforts,
Je m'éloigne à l'instant, tel est l'arrêt du sort,
Sans me bercer, hélas! de la vaine espérance
De revenir jamais aux lieux de ma naissance.
Comme il m'est interdit de prendre du repos,
A ma couche la Nuit refuse ses pavots.
Par les hommes, lecteur, lâchement asservie,
D'indignes traitements ils abreuvent ma vie;
L'un barre mon passage et prétend m'arrêter,
L'autre de lourds fardeaux me contraint à porter.
Eh bien! Dieu m'est témoin que je suis sans rancune;
Mais, pour hâter la fin de ma longue infortune,

Précipitant mes pas, j'atteins l'immensité,
Qui me reçoit sans cesse et pour l'éternité.

3ᵉ LOGOGRIPHE.

Le mot qu'à deviner je donne ce matin,
Avec trois de ses pieds se traduit en latin; *
On trouve en lui les noms de deux villes de France,
Celui d'un pauvre îlot dans notre dépendance;
Un quadrupède, enfin, de tous le moins actif,
Et qui passe, à bon droit, pour être inoffensif.

Ce petit mot latin est connu de chacun.

10ᵉ CHARADE

MISE EN CHANSON, PAR ORDRE, SUR DES AIRS DONNÉS.

—∞—

AVANT-PROPOS.

Air : **La boulangère a des écus.**

Réveillé beaucoup trop matin
Pour sortir de mon gîte,
Dans mes draps, comme un vrai lutin,
Je me retourne, m'agite.
Ma muse apparaît et me dit :
« Paresseux, mets le temps à profit.
« Allons, qu'on rime vite !

Air : **La garde royale est là.**

Chez vous j'admire, Mesdames,
Le luxe de mon premier,

Mais chez la plupart des femmes
Cet instrument est grossier (bis).
Dans certains états un homme
De lui ne peut se passer.
Besoin n'est que je le nomme,
Si vous daignez y penser.
  Cherchez bien,
  Cherchez bien,
De trouver c'est le moyen.

Air : **Du haut en bas.**

Sans mon second
Jamais n'agit dame nature ;
 A mon second,
N'allant ni par saut ni par bond,
L'homme, incertain dans son allure,
Marche toujours à l'aventure
 Vers mon second.

Air : Le curé de Pomponne a dit.

Mettre une charade en chanson
   A l'usage est contraire;
Procéder de cette façon
   Peut sembler téméraire.
Bientôt, enfin, je suis au bout
   De ma noble entreprise.
Puissiez-vous dire en trouvant mon tout :
   L'audace t'est permise.

Dans le département de ***, commune de ***, habite une jeune veuve, MARIE D., qui compte à peine soixante-dix printemps, les mois de nourrice y compris. Le poëte des rives de la Sarthe eut le bonheur de la rencontrer, celui plus grand encore de se lier avec elle et de s'entendre bientôt appeler MON CHER COMTE. Les choses en vinrent à ce point, que les prises de tabac s'échangeaient à chaque instant entre eux.

Au moment de se séparer de sa petite veuve, l'auteur reçut de cette tendre amie une tabatière de cuir bouilli renfermant deux fleurs d'immortelle, symbole de leurs sentiments réciproques.

A quelque temps de là, le poëte manceau riposta, de Paris, par l'envoi d'un pareil meuble en écaille, avec chiffre de leurs initiales patronimiques.

Les vers suivants accompagnaient la tabatière :

Dans ce modeste envoi,
Si peu digne de toi,
Femme à jamais chérie,
Ah! ne vois, douce amie,
Qu'un gage de ma foi.
En souvenir de moi
Conserve-le, MARIE,
TON CHER COMTE *t'en prie.*
Le jour, dans ton cabas,

La nuit, entre tes draps,
Place ma tabatière,
Adorable rentière;
Et dès que du berger
La scintillante étoile
Viendra se dégager
De l'ombre qui la voile,
Donnant un libre cours
A nos chastes amours,
De bon tabac de Frise *
Aspirons une prise.

---

* Province de la Hollande où se fait le plus de contrebande de tabac.

7ᵉ ÉNIGME.

Je fus jadis pape et martyr.
Mon nom est celui d'une plante
Dont la tige souple, élégante,
Se courbe au souffle du zéphyr.
De végétal je deviens fleuve,
Si de droite à gauche on me lit;
Et qui se baigne dans mon lit
D'imprudence souvent fait preuve.

5ᵉ BOUT-RIMÉ.

(Mots donnés.)

Le vrai sage, ici-bas, content de sa........ Fortune,
Soumis, sans murmurer, aux arrêts du..... Destin,
Ne fait jamais entendre une plainte........ Importune;
L'opulence d'autrui ne le rend pas......... Chagrin.
Le soir, quelques amis, qui composent son... Cercle,
Viennent lui raconter les on dit du......... Matin;
Puis souvent du potage enlevant le......... Couvercle,
L'enfant de la maison, charmant petit...... Lutin,
Fléchit sous ce fardeau, bien qu'il vante sa.. Force.
A table, au même instant, et sans plus de.... Discours,
Par un verre de vin, irrésistible............ Amorce,
Selon l'antique usage, on prélude.......... Toujours.
Au modeste souper chacun fait rude........ Guerre;
Des maîtres de céans se porte la........... Santé,
Dans sa petite aisance, et sans en être..... Fière,
Cette honnête tribu se livre à la........... Gaîté.

IIᵉ CHARADE.

Sachez, lecteur, que mon premier,
Bien que l'un des dieux de la fable,
Était réputé très-bon diable.
Chacun de lui sacrifier.
Sa fête, à Rome célébrée,
Durait tous les ans plusieurs jours
Avec un éclat, un concours
A rendre jaloux l'Empyrée.
Mon second, petit arbrisseau,
Périt sous un froid hémisphère :
En France on ne le voit qu'en serre,
Encore n'est-il jamais beau.
Je voudrais bien enfin conclure,
Arriver vite à mon entier ;
Mais comment passer mon dernier,
Mot qui propage l'imposture,

Que chacun sait n'être qu'un sot,
Propos banal du parasite,
Qu'à tous ses dîners il débite
Pour ainsi payer son écot ?
De mon tout, chef-d'œuvre entre mille,
Dont chacun de vous sait le nom,
Tant jadis il fut en renom,
S'enorgueillit certaine ville.

4ᵉ LOGOGRIPHE.

Dans les cinq pieds dont je suis composé
Vous trouverez un instrument d'optique,
Certain insecte à corselet rosé,
Quatre grands saints, un château magnifique.

12ᵉ CHARADE.

Bien qu'ustensile de ménage,
Mon premier n'est guère au village;
C'est à la ville, en un château,
Qu'il s'offre à vous plus ou moins beau,
Suivant que son propriétaire
De briller se fait une affaire.
Mon second, court, long, rabattu,
Plat, relevé, rond ou pointu,
Suivant les lois de la nature,
De son lot jamais ne murmure.
Longtemps classé parmi les bourgs,
Petite ville de nos jours,
Mon tout file coton et laine,
Nous vend de très-bonne futaine.

8ᵉ ÉNIGME.

A chacun son rôle ici-bas.
Le mien, qui paraît fort bizarre,
Est, à mes yeux, rempli d'appas.
Dans mon état il est bien rare
D'amasser louis et ducats;
Mais d'abord, je vous le déclare,
Des biens ne faisant aucun cas,
A celui qui les accapare
J'en laisse tous les embarras,
Préférant fumer mon cigare,
Gesticuler des pieds, des bras,
Vivre au milieu du tintamarre,
Braver le soleil, les frimas.
Grotesquement je me chamarre,
Et chacun de rire aux éclats.
Sitôt que la nuit nous sépare,

Au septième, en un galetas,
Sur mon escabeau je me carre
Et dévore un vieux cervelas;
Puis de moi le sommeil s'empare.

5ᵉ LOGOGRIPHE.

AVANT-PROPOS.

Pour déguiser le mot qu'à deviner il donne,
Un auteur de son mieux en ses vers l'emprisonne.
L'énigme, la charade, offrent bien leur secours,
Mais au vieux logogriphe on en revient toujours.
Avec neuf pieds, lecteur, et les employant tous,
On désigne un objet abandonné par vous,
Que garde forcément la classe misérable.
Le progrès, sur ce point, est chose incontestable

Sous le triple rapport de l'élasticité,
Du maintien, de la forme et de la propreté.
Des grands et petits mots que le mien vous présente,
Et sans chercher longtemps, j'en ai compté cinquante.
L'auteur d'un logogriphe userait de ses droits
En les énumérant sur le bout de ses doigts;
Mais je me garderai d'en dresser l'inventaire;
Signaler quelques-uns, c'est ce que je vais faire:
On trouve dans mon mot un poisson, une fleur,
Un fruit qui, selon moi, n'a pas grande saveur;
De feu le roi Cyrus, une femme adorée,
Puis une autre beauté de la Grèce admirée;
Certain cri de douleur, un riche minéral,
Puis un breuvage épais qui très-souvent fait mal;
Item une déesse, un légume, une ville....
Devinez maintenant, cela vous est facile.

13ᵉ CHARADE.

Séparé de sa sœur, que jamais il ne quitte,
    La suivant partout pas à pas,
    Mon premier ne la connaît pas,
Et cependant, lecteur, même toit les abrite.

Passons à mon second. Sur la dure, sans draps,
    Couchait ce bon Israélite,
    Qui fut austère néophyte;
Pour l'empire du monde il n'aurait pas fait gras.

Des racines sans sel cuisaient dans sa marmite,
    Un fruit terminait ses repas;
    Martyr, Dieu lui tendit les bras.
Je vous souhaite à tous le saint lieu qu'il habite.

Près d'un grand coffre-fort à triple cadenas,
    Mon tout sur le lucre médite,
    Place au taux le plus illicite,
Et pour moins dépenser loge en un galetas.

6ᵉ BOUT-RIMÉ.

(Mots donnés.)

La gazette de Chine, annonçant de.......	Pékin,
Qu'un superbe portrait de saint..........	Thomas d'Aquin,
Vrai chef-d'œuvre dans l'art de la.........	Tapisserie,
Serait bientôt vendu, la grande..........	Aumônerie,
Quoique de son budget le chiffre soit.......	Mesquin,
Conçut, au même instant, le généreux.....	Dessein
D'en doter à tout prix notre belle..........	Patrie.
Un fin voilier partit, le brick la..........	Pulchérie ;
Le tableau fut payé mille livres...........	Sterling,
Plus un baril chinois du meilleur.........	Marasquin.
A Notre-Dame, enfin, cette image.........	Chérie
Va, dit-on, prendre place entre Marthe et..	Marie.

ORIGINE DU NOM DE TROMPE-SOURIS

DONNÉ A UN VALLON SITUÉ PRÈS DU CHATEAU DE BRESTEL, COMMUNE DE ROUESSÉ-FONTAINE (Sarthe).

COMPLAINTE

DÉDIÉE A Mme LA COMTESSE DE H***, PROPRIÉTAIRE DUDIT CHATEAU.

—∞—

Air : Qui veut ouïr une chanson bien pitoyeuse, lamentable ?

Je vais vous raconter, hélas!
Un trait de l'histoire du Maine ;
Surtout ne le répétez pas
Pour l'honneur de Rouessé-Fontaine !
Le récit d'un si grand malheur
M'est fourni par plus d'un auteur *

---

* Voir Rigord, Courvaissier, le Manuscrit du Pontifical, Frédégaire, Grégoire de Tours

C'était en six cent trente, hélas!
Dagobert gouvernait la France;
Judicaël, en vrai Judas,
Avec lui rompit alliance,
Et ce maudit prince breton
Vint dévaster votre canton.

Grégoire de Tours dit : « Hélas!
« Les Cénomans prirent la fuite,
« Jetèrent piques et damas,
« Afin de se sauver plus vite,
« Ne s'arrêtant qu'à Bourg-le-Roi,
« Pour se cacher dans son beffroi. » *

Abandonné des siens, hélas!
Seul au beau milieu de la plaine,
Le sire Fulbert de Goras
Mourut en vaillant capitaine,

* On voit encore à Bourg-le-Roi les ruines de ce château fort.

Léguant à la postérité
Un nom si dignement porté.

Comment ici vous peindre, hélas!
De votre pays la ruine?
Fermes et castels mis à bas,
Bientôt arriva la famine.
Mourant de faim, manquant d'abris,
Émigrèrent jusqu'aux souris.

PHRASE PARLÉE.

Cette affreuse nécessité trompa d'autant plus l'espoir des pauvres bêtes, que la récolte de 630 s'annonçait comme devant être très-abondante.

9ᵉ ÉNIGME.

Je reçois chacun sans façon :
Du pape fussiez-vous le nonce,
Ou du roi le grand échanson,
Jamais laquais ne vous annonce.
Toute personne entrant chez moi
Fléchit le genou, puis s'incline;
L'habitude en fait une loi
Qui date de mon origine.
Ce n'est acte d'humilité,
Encor moins de honteux servage;
Quelle que soit notre fierté.
Nous souscrivons à cet usage.

6ᵉ LOGOGRIPHE.

Je suis, chacun le sait, avec mes quatre pieds,
Ce qui, ne coûtant rien, s'offre très-volontiers.
En moi vous trouverez, outre le nom d'une île,
Celui d'un général en ressources fertile;
Le titre que l'on donne au musulman lettré,
Qui n'est autre, chez nous, que Monsieur le Curé;
Un vilain animal, futur coléoptère;
Plus un oiseau charmant, un triste mammifère,
Ce que bien rarement on possède ici-bas.
De citer d'autres mots je ne finirais pas.

ANAGRAMME D'UN NOUVEAU GENRE.

On donne ce nom à la transposition des lettres d'un mot pour en former un ou plusieurs autres qui aient un sens différent.

EXEMPLE :

Rome, *où l'on trouve* orme, more, or, me.

Dans ce genre de composition, comme dans le logogriphe, les lettres peuvent, à volonté, prendre le nom de pieds.

Cela dit,

Sur douze pieds, lecteur, je me présente à vous.
Avec eux bien des mots sont venus sous ma plume;
Mais comme à les chercher trop de temps se consume,
N'exigez pas de moi que je les cite tous.

Air : Dans les gardes françaises.

Protais, Thomas, Orsine,
Spirat, Romain, Simon,
Henri, Marthe, Marine,
Noémi, Siméon,

Omer, Thaïs, Orphie,
Triphon, Prime, Pothin,
Rémi, Nestor, Sophie,
Soter, Amé, Martin. *

Pathos, mitron, poitrine,
Piston, piment, tamis,
Raisin, pâté, pot, mine,
Mitre, primat, amis,
Minorité, pirate,
Notaire, étaim, patois,
Anis, monstre, pont, rate,
Thé, matines, empois.

Rot, rat, Rhin, train, patrie,
Moi, toi, soi, roi, sirop,
Orpin, pétrin, mairie,

* Le poëte des rives de la Sarthe aurait cru manquer aux convenances s'il n'avait cité tout d'abord des noms de saints : à tous seigneurs tous honneurs.

Store, or, sort, port, mort, trop,
Mon, ton, nom, son, mitaine,
Ris, taris, pris, Paris,
Minois, trois, pois, romaine,
Paons, parents, temps, maris.

Il n'est question maintenant que de trouver le mot de douze lettres dans lequel se rencontrent tous ceux qui entrent dans les couplets qu'on vient de lire.

Rien n'est plus facile, l'auteur jouant en quelque sorte cartes sur table.

10ᵉ ÉNIGME.

On me fête dans mainte église;
L'état dont je suis le patron
Prend mon tablier pour giron. *
Que de droite à gauche on me lise,
Je deviens le jouet des vents,
La brise mollement me berce;
Mais ma fortune est très-diverse
Et sujette à mille accidents.

14ᵉ CHARADE.

Ne pas posséder mon premier
Et toujours faire mon dernier,

---

* Se met sous ma protection.

Voilà ce que je qualifie
De très-haute philosophie.
Sans oser même vous prier
De l'honorer de mon entier,
J'ai griffonné cette bluette;
Souffrez qu'à vos pieds je la mette.

15ᵉ CHARADE.

Pour vous signaler mon premier
Un détour je dois employer.
En lui voyez donc une plante
A tige grêle, frutescente, *
Que, d'après un auteur connu,
L'on est aujourd'hui convenu

* Plante ligneuse, arbrisseau.

De classer comme hespéridée. *

La question ainsi décidée,

Deviner, je n'en doute pas,

N'est plus pour vous un embarras.

Mon second est parfois solide;

Mais si vous le voulez liquide,

Ou bien à l'état de vapeur,

Vous n'avez qu'à parler, lecteur.

Non loin des murs de Mantinée,

Dans une sanglante journée,

Mon tout défit ses ennemis;

Le pays eût été soumis,

Si, dans le fort de la mêlée,

De javelots une volée

N'avait atteint son général,

Héros de son temps sans égal.

---

* Plante odorante le soir.

7ᵉ LOGOGRIPHE.

Cherchez dans mes six pieds un mont des plus célèbres ;
Ce qu'on trouve partout le jour, dans les ténèbres ;
La femme qui, dit-on, allaita l'un des dieux ;
L'être que de revoir on est toujours joyeux ;
Certaine redevance autrefois en usage ;
La chose qui jamais n'embellit beau visage ;
Un hôte des forêts ; l'un des quatre éléments ;
Ce qui vient à propos dans nombre d'accidents.

16ᵉ CHARADE.

Le nom d'un saint évêque est ici mon premier ;
Un petit mot latin * compose mon dernier.
A certain sentiment dont il fut un modèle,
Tant que son cœur battit mon tout resta fidèle.

8ᵉ LOGOGRIPHE.

Je figure, lecteur, au rang des hexapodes **
Et suis aussi classé parmi les tétrapodes. ***

* Chacun sait ce petit mot latin.
** Qui a six pieds.
*** Qui a quatre pieds.

Apprenez maintenant ce que l'on trouve en moi :
D'abord un animal qui nous glace d'effroi ;
De l'un des rois d'Argos la jeune et blanche fille,
Qu'un puissant ravisseur enlève à sa famille ;
A la mère des dieux un arbre consacré ;
Deux fleuves, certain singe, un légume adoré ;
Du noble jeu d'échecs le nom d'une des pièces ;
Trois grands saints qui prêchaient pécheurs et pécheresses ;
Le gendre du prophète, * un instrument, un dieu.*
Deviner, cher lecteur, pour vous n'est plus qu'un jeu.

---

* De Mahomet.

7ᵉ BOUT-RIMÉ.

UN SPECTACLE FORAIN.

(Mots donnés.)

Mesdames et Messieurs, entrez dans ma........ Baraque,
Vous y verrez d'abord la peau d'un........... Marabout,
Dont auquel, à Lahor, j'ai donné son......... Atout;
Le flacon où César mettait sa................ Sandaraque.
Vous y verrez, Messieurs, un morceau du...... Chaudron
Sous lequel se cachait ce Grec fameux........ Poltron.*
Du grand Gargantua je montre le............. Binocle,
Et du roi du Congo le buste sur son.......... Socle.

(Aux enfants qui obstruent l'entrée de la baraque:)

Place à la porte, enfants! éloignez-vous....... Marmaille!
Tenez, voici deux sous, allez faire............ Ripaille.

---

* Thersite, le plus lâche des Grecs. Au siége de Troie, Achille, indigné, le tua d'un coup de poing.

(Il fait semblant de les leur jeter au loin. Une aussi habile manœuvre est couronnée d'un plein succès : les gamins sortent vite de la foule, et l'aimable société prend ses billets au bureau.)

Cette pièce de vers, indigeste................ Fatras,
Mérite, je le sais, de faire.................. Patatras.

A MADAME LA VICOMTESSE DE ***

QUI AVAIT PORTÉ AU POÈTE MANCEAU LE DÉFI DE FAIRE UNE PIÈCE DE VERS SUR UNE SEULE RIME.

Madame,

Ce que vous demandez, me condamnez à faire,
Pour moi, pauvre rimeur, n'est pas petite affaire,
Et je ne sais vraiment comment vous satisfaire.
A pareille besogne il faut plume légère;

Ah ! combien votre esprit me serait nécessaire !
Mon pégase est poussif. Tel qu'un vieux dromadaire,
Impuissant à fournir une longue carrière,
Il ne peut du Parnasse affronter la barrière.
De tous mes manuscrits je ferais l'inventaire,
Avec intention de les mettre à l'enchère,
Que même pour dix sous n'en voudrait un libraire !
Or, après cet aveu véritable et sincère,
Si mes faibles efforts n'ont le don de vous plaire,
Vous n'aurez pas le droit de vous montrer sévère.

COURTE HISTOIRE.

Rose a seize ans, oh ! le bel âge !
Son parrain noblement s'engage
A payer son apprentissage

Et la destine au repassage.
De l'offre de Monsieur Dugage,
Riche entrepreneur de roulage,
La mère sentant l'avantage,
Des bras de Rose se dégage,
Sa fille quitte le Péage, *
Non loin de Dreux, triste village.

Bientôt chez Madame Lepage,
Dans Saint-Benoît, l'étroit passage,
Arrive en modeste équipage
Notre apprentive ** *en empesage,*
Tenant d'une main son bagage,
De l'autre un reste de fromage.
A vingt ans, belle et toujours sage,
Fuyant tous les faiseurs de stage,

* Relais de poste entre Dreux et Chartres.
** On dit apprentie ou apprentive. (Voir le Dictionnaire de Boiste.)

De Paphos le perfide ombrage,
A sa vertu rendit hommage
Le fils du bon parrain Dugage,
En la prenant en mariage;
Et jamais le moindre nuage
Ne troubla cet heureux ménage.

Sur ma Rose au gentil corsage,
A l'air décent, au doux visage,
J'aurais pu, dans ce griffonnage,
M'étendre ici bien davantage,
Mettre en scène son entourage
Et les galants du voisinage.
Montant au quatrième étage,
Dans sa chambre à petit vitrage,
Vous eussiez vu serin en cage,
Etourdissant de son ramage;
En regard d'un gros coquillage*

* Paphos, bal champêtre dans Paris.

Les deux poissons rouges d'usage, *
Et la caisse de jardinage,
De jeune fille l'apanage.
Mais c'est assez rimer en AGE;
Ce qui n'était que badinage
Deviendrait trop long bavardage.

* Ces objets figurent souvent, comme ornement, dans les petits ménages d'artisans ou de modestes rentiers.

MISTOUFLETTE,

Tragédie en Sept Actes.

AVERTISSEMENT DE L'ÉDITEUR.

—∞—

Ce fut dans un château de la Brie, où l'on jouait tous les soirs des proverbes, des charades en action parlées, que le poëte des rives de la Sarthe conçut le plan de cette tragédie.

Le mot *cabale* ayant été mis au répertoire, l'auteur s'empressa d'écrire les deux premières scènes de *Mistouflette* pour les faire siffler et simuler ainsi une affreuse cabale.

La lutte fut longue, acharnée; mais, grâce à quelques compères placés sous le lustre du salon, le rideau finit par tomber au milieu des rires, de vigoureux coups de sifflet, de bravos et de trépignements.

Satisfait d'un aussi beau triomphe, l'émule de Racine, qui s'était réservé de jouer le rôle de la princesse, se contenta de se faire siffler de temps à autre par ses amis, renonçant même à terminer *Mistouflette*.

Dernièrement, enfin, on a obtenu de lui la promesse formelle qu'il ferait jouir le public d'une œuvre dont le début ne permet pas de douter du prodigieux succès.

Il a tenu parole, et la pièce sera mise en répétition très-prochainement.

Le septième acte se passant en pleine mer, l'auteur s'est décidé à traiter avec le Théâtre-Français pour les six premiers actes, et, pour le dernier, avec l'Ambigu, dont le matériel nautique est au grand complet, et qui a fait ses preuves dans le *Naufrage de la Méduse*.

Ainsi donc, toutes les fois que *Mistouflette* sera sur l'affiche de la rue Richelieu, on saura qu'il faudra aller, le lendemain, voir le septième acte sur le boulevard Saint-Martin.

Le même billet servira pour les deux représentations.

Quatre mille neuf cent quatre-vingt-dix-neuf mètres de flots sont déjà dans les cuves du teinturier;

vingt-cinq vaisseaux japonais reçoivent en ce moment la seconde couche d'encollage, et la pleine lune est en main.*

Nota. Les deux premières scènes étant connues par de nombreuses lectures, l'auteur m'a autorisé à les publier dans ce précieux recueil.

* On dit être *en main*, d'un ouvrage que le maître a donné à faire à un ouvrier.

PERSONNAGES.

KAZIBUSE, Empereur des îles du Japon.
MISTOUFLETTE, Sa fille unique.
FAGOTIN, Roi de Candy.
FOURBINEL, Premier ministre de l'Empereur.
HATOUVENT, Grand amiral de ce pays-là.
FHIERABRAS, { Généralissime des armées de terre du Japon.
{ Neveu à la mode de Bretagne de Fourbinel.
PARQUITOS, Envoyé du Maroc.
ARIPHARA, Epouse de Fhierabras.
BEDAINE, Capitaine des gardes du roi de Candy.
PATOCHE, Fille d'honneur de Mistouflette.
PEUPLE,
MARINS, } Personnages plus ou moins silencieux.
GARDES,

MISTOUFLETTE,

TRAGÉDIE EN SEPT ACTES.

(La scène se passe à Jedo, capitale du Japon, pendant les six premiers actes; puis en pleine mer, à bord de la flotte impériale.)

ACTE PREMIER.

SCÈNE I.

MISTOUFLETTE, PATOCHE.

(La princesse entre en scène, appuyée sur l'épaule gauche de sa confidente; sa démarche est celle d'une personne extraordinairement faible sur ses jambes par une cause quelconque.)

PATOCHE.

Daignez enfin, Princesse, en ces lieux vous asseoir,
Votre faiblesse est forte et vous risquez de choir.

(Elle tâte ses poches et tire une bouteille de litre, en disant :)

> *Justement, j'ai sur moi le flacon d'anisette*
> *Que le garde des sceaux, dimanche, à ma toilette,*
> *Assurant le tenir d'un marchand de Cussac,* *
> *Me força galamment de mettre dans mon sac.*
> *Veuillez d'un jus si doux, salutaire breuvage,*
> *Pour vous réconforter, un instant faire usage.*

(Elle présente la bouteille à Mistouflette, qui la prend par pure complaisance et boit à longs traits. Pendant cette libation de la princesse, Patoche s'avance vers la rampe.)

> *Elle boit..... Bon, je vais, profitant du moment,*
> *Chercher à découvrir l'objet de son tourment.*

(A Mistouflette, qui lui rend la bouteille :)

> *Ah! si votre bonheur reçoit quelque anicroche,*
> *Confiez en ce jour vos ennuis à Patoche!*

* Haute-Vienne.

De vos traits altérés la livide pâleur
Accuse, malgré vous, une triste douleur.

MISTOUFLETTE.

Hélas ! *

PATOCHE (vivement).

Vous soupirez ! l'amour vous trotte en tête :
Le dard empoisonné part de son arbalète.

MISTOUFLETTE.

Puisque tu l'as surpris, je vais te divulguer
Un secret qu'au tombeau j'allais bientôt léguer.
Mon récit sera long...

PATOCHE.

Mettez-vous donc à l'aise.
A défaut de divan, acceptez une chaise.

---

* Si cette exclamation est bien poussée, tous les cœurs véritablement sensibles tireront déjà leurs mouchoirs.

MISTOUFLETTE.

(Elle fait signe à Patoche de prendre un tabouret.)

Naguère, il t'en souvient, sans soucis et sans soins, [*]
Manger, boire et dormir étaient mes seuls besoins.
De mes adorateurs la nombreuse séquelle,
Je n'en excepte point le prince Filoselle,
Tyran de Matapos, les rois Kilput, Ramort,
Ne m'inspira jamais le plus léger transport.
Aux accents vrais ou feints de leur vive tendresse
Résistait, comme un roc, le cœur de ta maîtresse;
Et, traitant sans pitié ces pauvres souverains,
Je déversais sur eux de superbes dédains.
Que les temps sont changés! Ah! plains ta Mistouflette!
De larmes chaque nuit, inondant sa couchette...

PATOCHE.

Sans tourner si longtemps, Madame, autour du pot,

[*] Il faut bien faire sentir les S.

Dites qu'Amour vous fait pic, repic et capot.

MISTOUFLETTE.

Avec un Roi de cœur, [*] *mais chez qui la vaillance*
Est le moindre des dons, oui, j'ai fait connaissance.
C'était le jeudi gras, à ce bal de la cour
Que Papa, tous les ans, me donne à pareil jour.
Le tyran de Candy, des rives ceilanaises
Abordé le matin aux terres japonaises,
Soudain est introduit. Son habit de gala,
De taffetas broché garni d'un falbala,
Sa veste gros de Tours, un long manteau d'hermine
Fait d'une seule peau de taupe de la Chine,
Un bonnet de drap d'or, des bottes de satin,
Rehaussaient la beauté du prince levantin.
On s'écarte, il me voit; je rougis, il s'avance;

---

[*] Ces cinq mots doivent être prononcés vite, de manière à compléter l'heureuse idée du PIC, REPIC et CAPOT.

Je pâlis, il me fait une humble révérence.
J'ai visité, dit-il, Zeb, Zell, Zous, Lar, Lins, Louf,
Tel, Thuin, Tuy, puis la cour du sultan Misapouf;
Dans mille autres pays j'ai vu plus d'un bastringue,
Mais celui-ci, Madame, entre tous se distingue !
Son plus bel ornement, je n'ose le nommer,
Sachant que la pudeur est prompte à s'alarmer...

PATOCHE.

On n'est pas plus galant ! tant de délicatesse...

MISTOUFLETTE.

Me toucha vivement, ici je le confesse.
A ces mots, prononcés d'un ton courtois et doux,
Tout en moi tressaillit, s'agita, corps, sein, pouls;
Mais comme une princesse est toujours circonspecte,
Mon trouble se cacha sous ma vertu correcte.
Ah ! je puis t'assurer qu'on souffre joliment
A renfermer en soi son tendre sentiment !

PATOCHE.

A qui le dites-vous, Princesse ? et pour Bedaine,
De votre heureux vainqueur le vaillant capitaine,
Mon cœur, un peu plus tard, ne fit-il pas tic-tac?
Je ne lui montrai pas non plus le fond du sac,
Et dût-il m'appeler bégueule, péronnelle,
Ce n'est pas à son nez que jouera ma prunelle :
On se respecte assez, bien que fille d'honneur,
Pour d'un tendre regard refuser la faveur.

MISTOUFLETTE.

Aux pudiques élans où ton âme se livre,
Patoche, j'applaudis; c'est parler comme un livre.
Toutefois, si tu peux en réprimer le cours,
Je vais reprendre ici le fil de mon discours.

(Patoche s'incline comme honteuse d'avoir osé interrompre la princesse.)

Du bal, au même instant, annonçant l'ouverture,
Le chef de nos ballets indique la mesure.
Tout s'ébranle. Bientôt cent instruments divers,
Dont le son vibre au loin et va frapper les airs,
Nous donnent la courante *, en vogue cette année,*
Que le grand chancelier rapporta de Guinée.
Tu la connais, Patoche ?

PATOCHE.

Absente de Jedo,
Je revins seulement à la Quasimodo.

MISTOUFLETTE.

Le prince Fagotin, sous la basque éclatante
De son royal pourpoint, m'offre une main brûlante;
Nous partons. Mais comment pourrais-je t'exprimer

---

* Nom d'une sauteuse en vogue à cette époque-là.

Les grâces de celui qui seul m'a su charmer?
Léger comme un cabri, souple comme une anguille,
Il bondit; son beau corps noblement se tortille.
Et le daim, qui d'un saut franchit l'âpre vallon,
Auprès de mon danseur n'est qu'un vrai cul-de-plomb.
A te parler sans feinte, avant cette journée,
Je croyais qu'une tête auguste et couronnée,
De ses pieds fainéants se servant sans éclat,
Ignorait le bel art de battre un entrechat.
Mon récit désormais deviendrait inutile;
Toi-même, de retour au sein de cette ville,
As pu voir mon héros briller, la lance au poing,
Dans les nombreux tournois dont Jedo fut témoin.
Enfin, après deux mois passés dans la bombance,
Les plaisirs variés dans leur magnificence,
En ses lointains états retourna Fagotin.
Tu connais mes malheurs, plains mon cruel destin!

PATOCHE.

Ah! Madame, souffrez...

MISTOUFLETTE.

Et que fais-je autre chose ?

PATOCHE.

Le Roi vient, restez-vous ?

MISTOUFLETTE.

Sortons, et bouche close.

SCÈNE II.

—

KAZIBUSE, FOURBINEL, GARDES.

KAZIBUSE (à sa garde).

Tournez-moi les talons!... Approche, Fourbinel;
Il faut que dans ce jour, à jamais solennel,
En peu de mots ici mon ministre s'applique
A me faire comprendre un peu ma politique.
Sans plus m'embarrasser que de Colin-Tampon
De régler les destins des îles du Japon,
Laissant à mes soldats le soin de la victoire,
Le périlleux honneur de me couvrir de gloire,
Je triomphe. Mon nom, par delà l'univers
Est célébré, dis-tu, tant en prose qu'en vers;
De glorieux traités attestent ma puissance;
Dans l'art de gouverner on vante ma science;
Et cependant, ami, je veux être pendu,

Devenir aussi sec que tu me vois dodu ;
Je veux à mes repas vivre en anachorète,
Renoncer désormais à mon vieux vin de Crète,
Si les ressorts cachés qu'on me fait mettre en jeu
N'échappent à mes yeux : je n'y vois que du feu !
Mais toi qui pour ton maître as la tête farcie
Des mille et un secrets de la diplomatie,
Qui, dès tes jeunes ans à ma cour élevé,
Est le Michel Morin de mon conseil privé,
Parle ! Crois-tu la paix pour longtemps assurée ?
Ou bien, ce que je crains, n'est-elle que plâtrée ?

FOURBINEL.

Les sabres pour toujours, Seigneur, sont rengaînés.
Voyez vos ennemis, ils ont un pied de nez !
Rudement étrillés les uns après les autres...

KAZIBUSE.

Je sais qu'en ce moment ils font les bons apôtres ;

Contre moi, cependant, comme ils doivent bisquer!
S'ils allaient, un beau jour, vouloir se rebéquer?...

FOURBINEL.

Il ne suffirait pas aux vaincus qu'ils voulussent,
Encore faudrait-il que regimber ils pussent;
Mais, rampant à vos pieds comme de vils lézards,
Sans oser soutenir un seul de vos regards,
Ces reptiles humains attaqueront la lune,
Au fond de l'Océan iront griller Neptune,
Avant que de risquer, dans de nouveaux combats,
D'être encore échinés ou d'abord coulés bas.

KAZIBUSE.

Il est sûr et certain qu'une telle assurance
Fait rentrer dans mon âme un rayon d'espérance.
Porter la guerre aux cieux, la torche au fond des eaux,
Ne me paraissent pas de faciles travaux.
Chat échaudé, d'ailleurs... tu connais le proverbe?

FOURBINEL.

Très-jeune on me l'apprit, j'étais encore imberbe.
. . . .
. . . .

FIN DU COMMENCEMENT.

9ᵉ LOGOGRIPHE

D'UN GENRE ENTIÈREMENT NEUF.

AVANT-PROPOS.

Je suis, autant que vous, heureux et fier qu'en France
Le bon vieux logogriphe ait jadis pris naissance;
Mais le temps a marché, les règles d'autrefois
Cèdent partout la place à de plus jeunes lois.
Je vais donc en ce jour, novateur plein d'audace,
De tous mes devanciers abandonner la trace.

Le mot qu'à deviner aujourd'hui je vous donne
Se compose, savoir : de certaine consonne,
Puis d'un A, puis d'un E, d'un I, d'un O, d'un U ;
Sachez placer le tout, mon nom sera connu.
Sur six lettres, lecteur, ne vous en cacher qu'une,
N'est-ce pas là sortir de la route commune ?

LA BESACE,

VIIe FABLE DE LA FONTAINE, LÉGÈREMENT TRAVESTIE.

Air : De tra la la la.

Au son de la trompette, à celui du tambour,
Tous les êtres vivants apprirent un beau jour
Qu'aux pieds de Jupiter ils eussent à venir.
L'ordre en fut proclamé, si j'ai bon souvenir,
    Sur l'air de tra la la la,
    Sur l'air de tra la la la,
  Sur l'air de tra deri dera la la la.

Au rendez-vous donné personne ne manqua;
Non loin de Saint-Denis, la veille on bivaqua.
Bêtes et gens tremblaient, craignaient fort d'être occis;

---

* Voir, page 228, la fable de La Fontaine.

Enfin le Dieu parut sur un nuage assis,
  Fredonnant tra la la la,
  Fredonnant tra la la la,
 Fredonnant tra deri dera la la la.

« *Je suis, vous le voyez, en assez belle humeur,*
« *Sans foudres à la main; ainsi, n'ayez pas peur.*
« *Si quelqu'un parmi vous, de son lot mécontent,*
« *Se trouve mal bâti, qu'il le dise à l'instant* »
  Sur l'air de tra la la la,
  Sur l'air de tra la la la,
 Sur l'air de tra deri dera la la la.

Jupin se fit d'abord un vieux singe amener;
La cause en fut pour tous facile à deviner.
Que puis-je faire ici, mon cher magot, pour toi?
Tu m'as bien entendu; maintenant réponds-moi
  Sur l'air de tra la la la,
  Sur l'air de tra la la la,
 Sur l'air de tra deri dera la la la.

L'animal, à ces mots, affirme qu'aujourd'hui
Nul n'est, à son avis, aussi bien fait que lui ;
Et, du doigt signalant certain ours mal léché,
Dit : Il s'est sagement à nos regards caché.
    Et toujours tra la la la,
    Et toujours tra la la la,
  Et toujours tra deri dera la la la.

Le pauvre ours attaqué rougit comme un dindon ;
Mais n'étant pas de force à rendre ce lardon,
Il vante pesamment son lourd individu,
Puis traite l'éléphant de gros vilain tondu.
    Sur l'air de tra la la la,
    Sur l'air de tra la la la,
  Sur l'air de tra deri dera la la la.

De notre espèce, hélas ! pourquoi faut-il parler ?
Sa sotte vanité rien ne sut égaler.
Chacun s'en retourna comme il était venu,
De lui très-satisfait, chantant l'air convenu

Du joyeux tra la la la,
Du joyeux tra la la la,
Du joyeux tra deri dera la la la.

De nous moraliser, dans son style charmant,
Notre grand fabuliste a tenté vainement.
Je ne prétends donc pas faire ici la leçon :
Ce serait temps perdu, même mise en chanson,
Sur l'air de tra la la la,
Sur l'air de tra la la la,
Sur l'air de tra deri dera la la la.

8ᵉ BOUT-RIMÉ

D'UN NOUVEAU GENRE.

(Mots donnés.)

De Villars n'ayant su pénétrer le des............	sein,
Le prince Eugène, un jour, fut surpris sous De...	nain,
Et par le maréchal mis en pleine dé.............	route.
L'ennemi délogé, de redoute en re..............	doute,
Sur le lieu du combat laissa canons. dra..........	peaux,
Abondante pâture aux voraces ois...............	eaux.
Jamais on n'avait vu telle dé...................	confiture!
Chacun sait si les faits ici je dé.................	nature.
Enfin, Impériaux, Bavarois, Hollan............	dais,
Furent bientôt contraints de demander la p.......	aix. *

---

* Signée à Utrecht, en 1713.

17ᵉ CHARADE.

Grâce aux analyses chimiques,
La présence de mon premier
Dans un de nos corps organiques
Ne peut aujourd'hui se nier.

D'un nouveau culte, sectateurs,
Mon second, très-hauts personnages,
Étaient jadis savants docteurs
Que le peuple entourait d'hommages.

Nous aimons à voir mon entier
Franchir le seuil de notre porte,
Et savons tous apprécier
Le mérite de qui l'apporte.

18ᵉ CHARADE.

MON PREMIER.

Si je m'offre à vos yeux sous ma forme ordinaire,
De moi, mes chers lecteurs, vous faites peu de cas.
L'un de vous me verrait gisant dans une ornière,
Que de m'en retirer il ne daignerait pas.
Mais, malgré le dégoût qu'à tels ou tels j'inspire,
A chacun je m'impose, et ce de par la loi.
Celui qui me reçoit n'a pas le mot à dire,
Sans même en excepter Sa Majesté le Roi.

MON SECOND.

Le riche peut toujours contre moi se défendre;
Mais que de gens, hélas! qui pour souffrir sont nés,
N'ayant pour me braver aucun moyen à prendre,
A subir mes rigueurs se trouvent condamnés!

MON ENTIER.

Me prononcer, lecteur, c'est nommer une ville,
Un maréchal de France. A présent, devinez :
J'ai rendu de mon mieux la chose si facile,
Que bientôt sur ce mot vous aurez mis le nez.

9ᵉ BOUT-RIMÉ.

(**Mots donnés.**)

De battre, de piller, de sabrer la...............	Volaille,
Si le paysan se plaint, de l'appeler.............	Canaille
Les soldats en campagne ont toute..............	Liberté ;
Le Code militaire est sans...................	Autorité.
Messieurs les officiers proclament, pour la........	Forme,
Qu'il faut au règlement que chacun se...........	Conforme ;
Puis ils ferment les yeux, comme le seul.........	Moyen,
Grâce à leurs maraudeurs, de ne manquer de....	Rien ;

Aussi cochons de lait, canards, dindons......... Pintades,
Garnissent le crochet des chefs de tous les......... Grades.

19ᵉ CHARADE.

Mon premier, cher lecteur, fils du maître des Dieux
(Je dois discrètement ne pas nommer sa mère),
Passait fort peu de temps chacun an dans les cieux.
Il préférait, dit-on, habiter sur la terre;
Mais comme on le savait au rang des immortels,
Qu'il exerçait d'ailleurs doucement sa puissance,
En maints et maints pays il avait des autels;
De ces temps reculés, telle était l'ignorance.

    Mon second est de deux natures :
    L'un se demande avec plaisir ;
    Parfois s'allongent les figures
    Quand de l'autre il faut se saisir.

Qui devant mon entier s'arrête,
A Paris encor plus qu'ailleurs,
Doit souvent retourner la tête
Et se méfier des voleurs.

20ᵉ CHARADE.

Bien que du genre féminin,
Mon premier, si quelqu'un le nomme,
Prend l'adjectif masculin.
De ce renseignement, en somme,
Le lecteur pourrait se passer ;
Mais malgré son peu d'importance,
Ici j'ai voulu le placer,
Pour l'acquit de ma conscience.
Dirai-je qu'en aucun endroit,
N'étant fait pour la solitude,

Jamais tout seul on ne le voit?
Vous en avez la certitude.
Des cœurs on ne peut lire au fond;
Mais une chose bien certaine,
C'est que monter en mon second
Fait toujours plus ou moins de peine.
De voir arriver mon entier,
Je pense qu'enfin il vous tarde.
Ah! puisse-t-il vous oublier
Et que de lui le ciel vous garde!

DIALOGUE

Sous la forme d'un petit Proverbe, en trois Actes.

PERSONNAGES.

M. Jobard,   Marchand bonnetier à l'enseigne du *Singe qui file*.
Criquet,   Son commis.
Babet,   Sa servante.
Un Tambour   De la garde nationale.
Un Roulier.
Des Gamins   Dans la rue.

(Au premier acte, le théâtre représente l'arrière-boutique de M. Jobard.)

IL N'Y A PAS DE ROSES SANS ÉPINES.

ACTE PREMIER.

SCÈNE I.

M. JOBARD, BABET.

BABET.

Depuis plus de dix jours qu'on est en république
Vous n'osez pas, Monsieur, rouvrir votre boutique.
Je ne vais au marché qu'en exposant ma peau.
Vanterez-vous encor ce régime nouveau ?

M. JOBARD.

Tu sors, on le voit bien, Babet, de ton village !
Paris ne fut pas fait en un jour, dit l'adage.

Un peu de patience; à tout il faut le temps;
Tu verras si bientôt n'abondent les chalands.
En frappant les abus de réformes sévères,
Les charges de l'État vont devenir légères.
Or, chacun désormais payant un faible impôt,
La vente évidemment doit reprendre bientôt.

BABET.

Oui, mais en attendant le retour des pratiques,
Les ouvriers en masse ont quitté les fabriques;
Comme au jour de l'émeute, ils battent le pavé...

M. JOBARD.

Reste du souvenir qu'ils en ont conservé,
De l'agitation des trois grandes journées,
Qui du pays enfin fixent les destinées.

(Il regarde du côté de la porte.)

Pourvu que mon commis n'ait pas été volé !
Sorti dès ce matin....

BABET.

Où donc est-il allé ?

M. JOBARD.

Faire un recouvrement, puis ensuite à la Banque :
Il me faut pour demain quelque argent qui me manque.

BABET.

Oh ça ! si Monsieur doit, on est soldé comptant.

M. JOBARD.

De ma maison, Babet, c'est l'usage constant,
Et je ne voudrais pas, pour tout l'or de la France,

Laisser ma signature un quart d'heure en souffrance,
Boniface Jobard est connu, Dieu merci !

SCÈNE II.

—

LES MÊMES, CRIQUET.

M. JOBARD.

Arrive donc, lambin; à la fin, te voici!

CRIQUET (une sacoche à la main).

Je ne mérite pas un semblable reproche.

M. JOBARD.

Que vois-je, malheureux!... quoi! rien dans ta sacoche!...
Sur les six mille francs que tu viens de toucher,

Un peu de numéraire il faut m'aller chercher.
En caisse je n'ai plus de petite monnaie,
Et demain, tu le sais, mes ouvriers je paie.
Donne-moi mes billets.

(Criquet lui rend ses effets de commerce.)

Que signifie cela ?

CRIQUET.

Qu'on ne veut plus payer ; tout le monde en est là.

M. JOBARD (feuilletant ses billets).

Des effets honorés de telles signatures !

CRIQUET.

Le commerce, patron, en voit déjà de dures.
Plus de trente commis, en recette envoyés,

Ont été, comme moi, bien vite expédiés.
Sans même examiner la valeur d'une traite,
Monsieur l'agent payeur fort lestement vous traite :
« C'est faire acte, dit-il, de mauvais citoyen,
« Que réclamer ses fonds; nous ne payons plus rien. »
Du guichet, là-dessus, se referme la porte.

M. JOBARD.

Mais quelle indignité!... Agit-on de la sorte!
Le moyen de sortir d'un pareil embarras ?

BABET.

J'en connais un.

M. JOBARD.

Lequel ?

BABET.

Dame! en ne payant pas!...

M. JOBARD.

Tu veux donc en ce jour que je me déshonore,
Qu'au lieu de m'acquitter certains délais j'implore ?

BABET.

Si la Banque à chacun retient ce qu'on se doit,
Personne, forcément, ne s'enverra d'exploit.
Ce n'est pas bien malin.

CRIQUET.

Enfoncé le négoce !
Il n'y a pas à dire, il n'est plus à la noce.

M. JOBARD.

On ne saurait, Criquet, fonder tout à la fois.
Le peuple a dû d'abord reconquérir ses droits ;
Il ne tardera pas, j'en conçois l'espérance,
Ayant rompu ses fers, à nager dans l'aisance.

BABET.

Fameux cadeau, ma foi, que votre liberté !
J'en donne bien ma part, et de l'égalité.
On se bat dans Paris, au delà des barrières,
Sans doute pour prouver que les Français sont frères ?

M. JOBARD.

L'ordre renaît enfin. Il n'est pas encor nuit.
Dans le quartier, tu vois, on n'entend aucun bruit.

(On bat le rappel.)

Pas possible ! à quoi bon ?... Quelque marmot, je pense,
Qui, près d'ici, s'amuse à troubler le silence ?

CRIQUET.

Il a les poignets bons !

M. JOBARD.

Si j'étais commissaire,
J'interdirais les jeux qui rappellent la guerre.

SCÈNE III.

—

LES MÊMES, UN TAMBOUR.

LE TAMBOUR.

Salut, fraternité. Citoyen caporal,
Faut filer à l'instant, si ça vous est égal.
Le bataillon entier se rend à la mairie ;
On en veut joliment aux jours de la patrie.

M. JOBARD.

Mais, Citoyen tambour, dites-moi, s'il vous plaît ?...

LE TAMBOUR.

Devant l'hôtel de ville on s'émeute, il paraît,
Histoire du drapeau : sera-t-il tricolore
Ou bien couleur de sang ?

M. JOBARD.

Quel qu'il soit, je l'honore !
La volonté du peuple, en toute occasion,
Doit avoir, Citoyen, notre approbation.

LE TAMBOUR.

De se bûcher bientôt comme on est susceptible,
Un oubli de ma part vous eût été sensible :
Je viens donc, en passant, moi-même vous chercher,
Vous éviter la peine au moins de vous coucher.

M. JOBARD.

Aimable attention... une telle obligeance....

LE TAMBOUR.

Pas de remercîments, le rappel en dispense.

(Il sort en chantant : *Mourir pour la patrie.*)

M. JOBARD (après le départ du tambour).

Si chacun meurt pour elle, et qui la défendra ?
L'ordre, dans la cité, qui donc le maintiendra ?
Va battre la peau d'âne et laisses-y la tienne ;
Moi, je vais de ce pas trouver mon capitaine,
Lui dire que ce soir, me sentant dérangé,
Il m'obligerait fort de me donner congé.
C'est un charmant garçon, puis il a ma pratique.
Allons, Babet, voyons, aveins-moi* ma tunique.

CRIQUET.

Ah ça! surtout, patron, ne vous exposez pas ;

* Les boutiquiers de Paris disent AVEINDRE, pour donner la marchandise qui est sur un rayon.

Laissez faire la troupe et cédez-lui le pas.

M. JOBARD.

Sois tranquille, Criquet, tu connais ma prudence.
Du danger, en tous lieux, me tenant à distance,
Laissant aux vrais soldats les feux de peloton,
Je fais dans les bonnets, dans mes bas de coton.
A chacun son état.

CRIQUET.

Voici votre giberne,

BABET.

Votre sabre-poignard

CRIQUET.

Et le shako moderne.

(Il lui présente son képi.)

M. JOBARD.

Maintenant, mes enfants, jusques à mon retour
Gardez le magasin. Peste soit du tambour!

BABET.

Comme c'est régalant d'être dans la civique!

M. JOBARD (prenant son fusil).

Pas trop. Quoi qu'il en soit, vive la république!

(Il sort par la porte du fond. Criquet et Babet vont à la boutique.)

ACTE II.

—

SCÈNE I.

(On est dans la chambre à coucher de M. Jobard.)

M. JOBARD (dans son lit), BABET.

M. JOBARD.

C'est entendu, Babet, si trop longtemps je dors,
Tu viendras m'éveiller.

BABET.

A quelle heure, pour lors?

M. JOBARD.

Mais, entre sept et huit. Je vais faire un bon somme.

BABET.

De toujours patrouiller fatigue enfin son homme ;
Avec ça que Monsieur n'est déjà pas si fort !
De tant vous échiner vous avez vraiment tort.

(Elle met sur son bras les vêtements de son maître.)

Le joli pantalon !... est-il couvert de crotte !...
Plus d'un pouce d'épais !... Et la pauvre capote !...
Vous marchez par plaisir, je crois, dans les ruisseaux.

M. JOBARD.

Fais-moi celui d'aller du Pont-Neuf à Mousseaux ;
Puis, de ton pied léger, visite les barrières,
Sans l'utile clarté de feu les réverbères.
Voilà ce que j'ai fait. Je voudrais bien t'y voir !

BABET.

La trotte est conséquente. Adieu, Monsieur.

M. JOBARD.

Bonsoir.

(Babet prend son flambeau, et sort.)

SCÈNE II.

M. JOBARD.

(Il bâille à plusieurs reprises, prononce quelques paroles inarticulées, et ne tarde pas à ronfler. — On entend du bruit dans la rue.)

DES GAMINS.

Des lampions! des lampions!

M. JOBARD (réveillé en sursaut).

Qu'est-ce que j'entends là? encore du tapage!

LES GAMINS.

Des lampions! l'entre-sol! des lampions!

M. JOBARD.

Qu'ils sont donc ennuyeux avec leur éclairage!
Sous notre république on ne saurait dormir.
Avec tous ces gamins il faudrait en finir.
Babet! Babet! (Il sort de son lit.)

LES GAMINS.

Des lampions, donc! ou des chandelles! Faut lui démolir ses vitres, à ce vilain singe qui ne veut pas éclairer!

SCÈNE III.

M. JOBARD, BABET.

M. JOBARD.

Viens donc, une nouvelle alarme!

(Des cris confus dans la rue.)

BABET.

C'est comme au premier jour. Ah! mon Dieu, quel vacarme !

M. JOBARD.

Prends vite une chandelle et fais-en trois morceaux.
Il faut bien, à tout prix, préserver mes carreaux.

SCÈNE IV.

M. JOBARD, LES GAMINS (dans la rue).

LES GAMINS.

Ohé! ohé! c'est un carlisse! Des lampions! des lampions! ou à bas les vitraux!

M. JOBARD (ouvrant sa fenêtre).

On y va, Citoyens.

LES GAMINS.

Ah! v'là l'singe en personne naturelle!
Bravo! bravo! (Ils chantent : *D'un sang impur abreuvons nos sillons.*)

M. JOBARD (agitant son bonnet).

Vive la république!

LES GAMINS.

Vive la république! A bas les carlisses!

SCÈNE V.

LES MÊMES, BABET.

BABET (apportant ses bouts de chandelle).

Eh bien! font-ils toujours leur chienne de musique?

(Elle place son éclairage.)

LES GAMINS.

Ah! v'là l'épouse du vieux! Bravo! bravo!... Tiens! elle est gentille, la citoyenne du singe qui file en camisole. Dites donc, la petite mère, quelle heure qu'il est à Saint-Eustache?

(Des éclats de rire.)

BABET (qui a refermé la fenêtre).

*Entendez-vous, Monsieur? cette canaille-là
M'appelle votre épouse!*

M. JOBARD (qui s'est recouché à l'arrivée de Babet).

*Et que te fait cela?
On aurait dû, c'est vrai, te supposer ma fille;
Mais enfin ils ont dit que tu étais gentille.
Pardonne-leur, Babet.*

BABET.

*C'est embêtant, aussi.
Qu'il faille tous les soirs les éclairer ainsi.*

L'illumination, Monsieur, sur votre arcade,
Rien que depuis dix jours...

M. JOBARD.

Dis donc une décade.

BABET.

Vous coûte bon, allez! Demandez à Criquet;
De chandelles de huit, voilà plus d'un paquet.

M. JOBARD.

A tort en ce moment, Babet, tu te récries;
Je suis heureux et fier d'éclairer ma patrie.
Chasse de tes esprits des calculs trop mesquins
Que doivent repousser les bons républicains.

BABET.

Dépenser d'un côté, de l'autre ne rien vendre,
A de jolis profits vous devez vous attendre!

M. JOBARD.

Calme-toi, mon enfant. Au lieu de tant gémir,
Va te coucher enfin et tâchons de dormir.

(Babet sort. M. Jobard ferme ses rideaux.)

ACTE III.

—

SCÈNE I.

(Le théâtre représente la boutique de M. Jobard.)

M. JOBARD (à son comptoir), CRIQUET.

M. JOBARD (examinant son livre de comptes).

Mais à quoi donc sert-il qu'un trône l'on renverse,
Que de la liberté l'arbre en tous lieux se dresse,
Si l'ancien bonnet rouge est aussi mal porté ?
Dans mes prévisions je suis désappointé.
Le moment, conviens-en, paraissait favorable ;
Et je devais compter sur un gain raisonnable ?

CRIQUET.

Au fait, le phrygien, patron, ne va pas fort.

M. JOBARD.

Il ne va pas du tout, et mon argent est mort.
Pour surcroît de malheur, j'en attends quatre mille.

CRIQUET.

De s'en débarrasser ne sera pas facile.

M. JOBARD (continuant l'examen de ses comptes).

Vente de la décade.... une paire de bas,
Six cardes de coton....

(Il regarde Criquet comme pour l'interroger.)

CRIQUET.

Vous savez.... les appas
De la dame d'en haut.

M. JOBARD.

Deux faux mollets de laine,
Item, un caleçon, trois gilets de futaine.
Vit-on jamais, hélas! si courte addition!

(Il additionne.)

Total, trente-neuf francs.

CRIQUET.

Ça fait compassion!

M. JOBARD.

Encore un sacrifice à la chose publique!
J'ai foi dans l'avenir. Déjà la république,
Qui sait l'état fâcheux du commerce au détail,
Prépare à ce sujet un lumineux travail.
Louis Blanc en est chargé. Nommer ce patriote,

Père des ouvriers, l'ami du sans-culotte.
C'est dire que bientôt....

SCÈNE II.

LES MÊMES, BABET (une lettre à la main).

Ça vient du percepteur.

M. JOBARD.

Pour moi? je ne dois rien, c'est sans doute une erreur.

(Il lit l'adresse, puis la lettre.)

Citoyen,

« *Dans la position difficile où se trouve le trésor national, je viens faire un appel à*
« *votre patriotisme, en vous priant de vouloir bien acquitter par anticipation le montant*
« *de vos contributions de l'année courante.* »

Ah bien oui, par exemple! il est bon là, notre homme!
Dans ma caisse, en ce jour, je n'ai pas cette somme.

De la veille, d'ailleurs, je suis républicain;
Que le trésor s'adresse à ceux du lendemain.
Voyons le post-scriptum.

« *Je vous serai obligé, Citoyen, de verser par la même occasion les 45 centimes additionnels que le gouvernement provisoire vient de décréter sur les quatre contributions; je vous invite donc à effectuer ce double versement dans un bref délai.*

« *Salut et Fraternité.*

« **Gripart**, Receveur d'arrondissement. »

Quarante-cinq centimes!
S'il n'était question que d'un ou deux décimes....

BABET.

Pourquoi tant vous fâcher? ça ne fait que neuf sous,
Et c'est assurément peu de chose pour vous.

M. JOBARD.

Tu crois cela, Babet! ce beau décret, ma chère,
M'enlève sept cents francs.

BABET.

Ah! c'est une autre affaire!

M. JOBARD.

Où trouver de l'argent? Est-ce au jour d'aujourd'hui?
Offrez de bon papier, vous êtes éconduit!

BABET.

Votre Ledru-Rollin n'y va pas de main morte.

M. JOBARD.

L'amour du bien public l'anime, le transporte,
On n'en saurait douter; comme toi, cependant,
Je trouve que son zèle est un peu trop ardent.
Beaucoup de gens ont peur; mon plus gros locataire

Abandonne Paris, il me quitte en brumaire.
Le second sur la cour s'en va dès floréal,
Pour économiser, place de l'Arsenal.
Ce léger temps d'arrêt, Criquet, dans les affaires,
Ce chômage forcé sont choses passagères ;
Avec patriotisme il nous les faut subir.
Mais ne négligeons pas les soins de l'avenir.
Et pour utilement employer nos journées,
Élevons tous les prix de marques * surannées.*

(Babet retourne à son pot-au-feu.)

SCÈNE III.

M. JOBARD, CRIQUET.

CRIQUET.

Ne pouvez-vous, patron, ajourner à demain

---

* On appelle marques, dans le commerce, les étiquettes sur lesquelles sont indiqués les prix de vente.

Cette opération ? Au faubourg Saint-Germain
Il faut que je me rende.

M. JOBARD.

Est-ce, par aventure,
Chez un de nos clients, pour une fourniture ?

CRIQUET.

Non, pas précisément. Les commis bonnetiers,
Comme l'ont déjà fait plusieurs corps de métiers,
Vont pétitionner ; et, vers l'hôtel de ville,
Précédés d'un drapeau, nous marchons plus de mille.

M. JOBARD.

Voilà bien du nouveau ! Qu'allez-vous demander ?

CRIQUET.

Ce que, nous l'espérons, on va nous accorder :
Qu'on s'occupe avant tout de la bonneterie.

M. JOBARD.

Insistez sur ce point, mes amis, je vous prie.

CRIQUET.

Puis, invoquant nos droits, ceux de l'égalité,
Parlant au nom sacré de la fraternité,
Nous voulons obtenir pour nos loyaux services,
Dans toutes nos maisons moitié des bénéfices.

M. JOBARD (bondissant sur son fauteuil).

Comment dis-tu cela?

CRIQUET.

Nous sommes tous égaux?

M. JOBARD.

Sans aucun doute.

CRIQUET.

Eh bien! partageant vos travaux,
Ce n'est pas nous traiter humainement, en frères,
Que de nous exploiter! Plus de honteux salaires,
A bas le privilége, et part dans les profits!
Voilà ce que Proudhon proclame en ses écrits.
Pierre Leroux, Cabet, autres grands patriotes,
Nous éclairent enfin aux clubs, dans les gargotes.

M. JOBARD.

Et toi, Criquet, aussi!!! *

CRIQUET.

Dame! à chacun son tour!

---

* Je m'empresse ici de rendre à César ce qui appartient à César : *Et toi, Brutus, aussi!!!* Cet hémistiche se présentait si naturellement dans la position de M. Jobard, que je ne me suis pas fait scrupule de l'emprunter à Voltaire. Entre confrères on ne s'en gêne pas. Voir un exemple peu connu de plagiat, dans la note qui suit ce proverbe.

Celui des ouvriers est à l'ordre du jour.

M. JOBARD.

La trompeuse espérance, hélas! dont on vous berce,
En se réalisant détruirait le commerce;
Que deviendraient alors commis et travailleurs ?
Comme la royauté, le peuple a ses flatteurs.

CRIQUET.

Depuis assez longtemps bourgeois, propriétaires,
Font aller sans pitié les pauvres prolétaires;
On se lasse à la fin de se laisser duper,
Et le gouvernement de nous doit s'occuper;
Ou sinon, voyez-vous, des maîtres égoïstes
Les noms seront connus, grâce à nos journalistes.
Malheur à ces patrons !

(Il ôte sa veste, met sa redingote, et se dispose à sortir.)

M. JOBARD (à part).

*Et moi qui dans mon sein
Réchauffais ce serpent!... Si j'osais... dès demain
Cet être dangereux serait mis à la porte!
Que la prudence ici sur le dépit l'emporte;
Dissimulons.* (Haut.) *Criquet, ce ne sera pas moi,
Fils d'un simple ouvrier, travailleur comme toi,
Qui trouverai mauvais de certaines réformes;
Oui,... mes vœux à ta place aux tiens seraient conformes.
Exposez vos griefs, faites valoir vos droits :
Le peuple est souverain, il doit dicter ses lois.*

CRIQUET.

C'est ce que LAMENNAIS *dit dans son Catéchisme.
Je connaissais, patron, votre patriotisme;
Croyez que dans vos gains une fois de moitié,
Entre nous ce sera d'estime et d'amitié.*

Qu'il me tarde de voir, en superbe gothique,
Nos deux noms accolés peints sur notre boutique!

M. JOBARD (se contenant à peine).

Allez, mon bon ami, je garde le comptoir;
Prenez tout votre temps, ne rentrez que ce soir.

CRIQUET.

Je reviendrai bientôt.

M. JOBARD.

A moins que Lamartine,
Passé maître dans l'art de dorer la tartine,
Ne vous fasse un discours. Oh! s'il en est ainsi,
A la nuit seulement nous vous verrons ici.

(Criquet sort.)

SCÈNE IV.

M. JOBARD.

Dire qu'on ne peut pas à de semblables drôles,
A grands coups de bâton caresser les épaules!
Sa part dans mes profits un Criquet empocher!...
Mais où l'ambition va-t-elle se nicher ?

SCÈNE V.

M. JOBARD, BABET.

BABET.

Un roulier dans la cour arrive et vous demande;
Il apporte un ballot.

M. JOBARD.

Ma fatale commande;

Des bonnets phrygiens! nouveaux fonds compromis !
De me plaindre, Babet, il ne m'est pas permis.
Dans les événements mon trop de confiance
M'a fait, cette fois-ci, faillir à la prudence.
En voyant de Paris les d'Orléans chassés,
Puis par la république à l'instant remplacés,
Je devais présumer que la jeune Montagne
Remettrait en faveur la coiffure du bagne. *
Vaine espérance, hélas! par un chapeau pointu, **
Qui s'en serait douté, le bonnet est battu!
Ce caprice du sort, loin d'ébranler mon zèle....

BABET.

De résignation vous êtes un modèle,

* Les galériens portent un bonnet rouge.

** Les montagnards de 1848 ont adopté le chapeau en pain de sucre de Saint-Just, de sanguinaire mémoire.

Et cependant, Monsieur, tout va de mal en pis ;
A sa perte, bien sûr, on mène le pays.

SCÈNE VI.

LES MÊMES, LE ROULIER.

LE ROULIER.

Vous plairait-il enfin de solder ma facture ?
Voici, notre bourgeois, la lettre de voiture.

M. JOBARD.

Je vous suis. (A Babet.) *Tu sauras plus tard apprécier*
La révolution du mois de février.
Laisse donc appliquer les nouvelles doctrines ;

Et puis, existe-t-il des roses sans épines?

(M. Jobard et Babet suivent le roulier.)

FIN DU TROISIÈME ET DERNIER ACTE.

NOTE DE L'ÉDITEUR.

« LA FAUTE EN EST AUX DIEUX, QUI LA FIRENT SI BELLE. »

Ce vers si connu n'est qu'un plagiat. Il est formé des deux avant-derniers vers de six syllabes qui terminent le couplet suivant de Lingendes, chansonnier contemporain de Boileau.

Si c'est un crime de l'aimer,
On n'en doit justement blâmer

Que les beautés qui sont en elle.
« *La faute en est aux dieux,*
« *Qui la firent si belle,* »
Et non pas à mes yeux.

A MADAME DE ***

Ne m'élevant qu'à la charade,
Aux bouts-rimés, à des couplets,
Une énigme est mon Iliade ;
Voilà ce que je me permets :
Et vous voulez que je fustige
L'ambitieuse nullité ;
Que, peignant le triste vertige
De maint aspirant député,
En grave censeur je m'érige?...
C'est impossible, en vérité !
Si le sort, à mes vœux contraire,
De moi n'a fait un Juvénal,
Je vais, sans espoir de vous plaire,
Chanter ici tant bien que mal.

UNE ÉLECTION.

—∞—

Air : J'ai vu partout dans mes voyages,

OU

Du petit matelot.

Un candidat longtemps d'avance
Se dit : La place me convient !
Il en déduit la conséquence
Qu'en droit elle lui appartient.
Quelle que soit la modestie
De l'honorable postulant,
Il vous offre pour garantie
Ce qu'il croit avoir de talent.

Air : Nous nous marierons dimanche.

C'est un parti pris,
Notre homme, à tout prix,

Pose sa candidature.
    Avant d'intriguer
    Et de haranguer,
Il médite une brochure.
    A cet écrit
    L'auteur sourit
      D'avance;
    Des lieux communs
    N'omet aucuns;
      Il pense
    De ses concurrents
    Éclaircir les rangs,
Les tenir tous à distance.

Air : Mon père était pot.

Après certain temps écoulé,
    Paraît la circulaire :
On se dit citoyen zélé,
    Indépendant, austère.

Le mot liberté,
Souvent répété,
Y brille d'ordinaire ;
C'est l'os qu'à ronger,
Pour le diriger,
On jette au populaire. *

Air : Réveillez-vous, belle endormie.

Bientôt il se met en campagne,
Sur l'avis qu'il faut se montrer ;
Un sien compère l'accompagne,
Qui partout le fait pénétrer.

Air : A la façon de Barbari.

Le candidat le plus bourru
Devient doux, tout aimable ;

---

* On crée tant de mots de nos jours, que je puis bien me permettre de faire un substantif de l'adjectif populaire. Ceci soit dit pour l'acquit de ma conscience.

Avec le dernier malotru
Vous le voyez affable.
Saluer ne lui coûte rien,
Et d'un air bénin
Il vous tend la main.
Hardiment réclamez de lui
Aide, appui,
Vous ne serez pas éconduit
Aujourd'hui.

Air : Aussitôt que la lumière.

Dans un repas de Cocagne,
Offert à des électeurs,
Se verse à flots le Champagne,
Le Bordeaux et les liqueurs.
De son futur mandataire
Chacun porte la santé;
Mais souvent plus d'un faux frère
Cache une autre volonté.

Air : Ran tan plan tire lire.

Le grand livre du destin,
Le scrutin,
S'ouvre enfin;
Et dès le matin,
Le coquin,
L'homme de bien
Prennent la même route.
Chaque parti redoute
D'être mis en déroute.
A des pékins
Incertains,
Très-peu fins,
Des malins,
Sur tous les chemins,
Donnent force bulletins,
Tout en payant la goutte.
Le paysan n'entend goutte
Aux propos qu'il écoute;

Il voit que son verre est plein,
Et dit : Bien,
C'est tout gain,
D'boir' gratis pour rien ;
Vot'e bull'tin.
Mon voisin,
Je prends pour ce qu'i' m'coûte.

Air : Du haut en bas.

On a voté !
L'agitation est extrême.
On a voté !
Quel sera l'heureux député ?
Le rouge montagnard lui-même,
Dans un pareil moment est blême.
On a voté !

Air : Du pas redoublé.

Enfin le scrutin est fermé
  Dans la forme ordinaire;
Le président l'a proclamé
  D'une voix haute et claire.
Des votes, la majorité
  Sur un maçon se porte. *
En triomphe ce député
  Au cabaret l'on porte.

Air : Cœurs sensibles, cœurs fidèles.

Je laisse à penser la mine
Du candidat dégommé!
Chacun de vous la devine,
Du coup il est assommé!

---

* Historique en la personne d'un sieur Nadaud, nommé dans le département de la Creuse.

Chez lui comme il se confine,
On le croirait trépassé!
Requiescat in pace *(bis)*.

COMPTE RENDU

DU BANQUET OFFERT AU MANS LE XXII AVRIL MDCCCXLIX

AU GRRRRRAND LEDRU-ROLLIN.

—∞—

Air : Il était un p'tit homme qui s'appelait **Tobi Carabi**.

De Paris, la grand'ville,
Le roi des charlatans
Est au Mans ;
Escamoteur habile,
Dans nos poches il prend
Notre argent.
Comus, aujourd'hui,
Serait éconduit,

Pâlirait devant lui.
  Gamins, voyous, *
   Accourez tous,
Il parade pour vous.

Magique est la baguette
Du grand agitateur,
   Aboyeur.
Chaque jour la gazette
Nous dit que ce Stentor
   Matamor,
  Tribun montagnard,
  Au rouge étendard,
Est un fameux gaillard.
  Gamins, voyous,

---

* Voyou, expression populaire employée depuis quelque temps par les petits journaux pour désigner le gamin passé à l'état d'ouvrier paresseux, ivrogne, mauvais sujet.

*Accourez tous,
Il parade pour vous.*

*A la Législative,
Comme il voudrait entrer,
Pérorer,
L'ambitieux convive
Accepte un festivau
Bas-Manceau;
Et de vin du cru,
Amis, qui l'eût cru!
Va s'abreuver Ledru!
Gamins, voyous,
Accourez tous,
Il parade pour vous.*

*Où trouver un asile
Pour en paix banqueter,
S'agiter?*

On choisit certaine île,
A six cents pas du port.
Et d'abord,
Le couvert est mis
Pour les vrais amis,
Nul autre n'est admis.
Gamins, voyous,
Accourez tous,
Il n'espère qu'en vous.

Le héros de la fête
Bientôt est introduit,
Mais sans bruit;
Et comme il n'est pas bête,
Feignant d'être attendri,
Pousse un cri;
La main sur son cœur,
Il dit : Quel bonheur !
C'est pour moi trop d'honneur!

Gamins, voyous,
Accourez tous,
Il parade pour vous.

Vers l'invité s'avance
Le président ad hoc,
Chaud démoc,
Qui devant l'assistance
Anonne un vieux discours
De faubourgs;
Puis Ledru-Rollin
Est pris par la main
Et conduit au festin.
Gamins, voyous,
Placez-vous tous,
Fricotez entre vous.

Laissant nappes, serviettes,
A ces gueux d'aristos,
Aux châteaux,

On sert des andouillettes
A ces républicains,
   Puritains,
Cidre ou vin au choix;
Au dessert des noix,
Et chacun en a trois.
  Gamins, voyous,
   Espéraient tous
Mieux dîner pour vingt sous.

Enfin on se console
Attendant le bouquet
   Du banquet;
Que, prenant la parole,
Se lève l'avocat
   Candidat;
Et c'est ce que fait
Le grand Bilboquet:
Le silence est parfait.
  Gamins, voyous,

Écoutez tous,
Il parade pour vous.

Je renonce à décrire
Le Jupiter tonnant,
Fulminant ;
Ce que je puis vous dire,
C'est qu'il fut proclamé,
Acclamé,
Qu'on le nommerait.
Le tour étant fait,
Ledru fit son paquet!
Gamins, voyous,
Sachez-le tous,
Il s'est moqué de vous.

A quelque temps de là, lors des élections, il ne manqua que seize mille voix au grrrrrand LEDRU-ROLLIN, dans la Sarthe, pour arriver à la députation.

SUR LE MOT BONHEUR.

A MADAME LA COMTESSE CÉSAR DE P***.

Air : Chantons, chantons.

Chacun m'entend à sa manière,
Me cherche sous mainte bannière
  Avec ardeur.
Dans cette simple chansonnette,
Heureux si mon sujet je traite
  Avec BONHEUR.

Dorval ne rêve que bataille,
S'escrime d'estoc et de taille
  Avec fureur.
Pour lui, de se couvrir de gloire

Et léguer son nom à l'histoire,
C'est le BONHEUR.

Damon s'accorde du génie,
Ce qu'ici-bas chacun dénie
Au pauvre auteur.
De ses œuvres s'il nous assomme,
C'est qu'à se lire le digne homme
Met son BONHEUR.

Un beau matin, à la mairie,
Laure est conduite; on la marie
Selon son cœur.
La jeune fille, en sa simplesse,
Sentant qu'elle aime avec ivresse,
Croit au BONHEUR.

A l'or de la Californie

191

Pense Harpagon à l'agonie,
Dans sa douleur.
Ajoutant pistole à pistole,
Son coffre-fort est son idole :
Triste BONHEUR !

Placé devant une bouteille,
L'amateur du jus de la treille,
Le franc buveur,
Affirmera que, sur la terre,
Remplir et puis vider son verre
Est le BONHEUR.

Vous aimant d'une amitié tendre,
Aveu que vous pouvez entendre
D'un vieux tuteur,
Ce doux sentiment, à mon âge,

Est, à mes yeux, l'heureuse image
Du vrai BONHEUR.

Si la fantaisie me prend de faire, par opposition, une chanson sur le mot MALHEUR, je crois que je la commencerai ainsi :

Même air.

Si sur le mot BONHEUR, *naguère*
Quelques couplets tu m'as vu faire,
Ami lecteur,
Aujourd'hui, pour de ta soirée
Gaîment abréger la durée,
Chantons MALHEUR.

De certain pot de confiture,
Justin médite la capture
Avec bonheur.
Otant la clef de la serrure,

Sa bonne l'entend qui murmure :
  « *Ah! quel* MALHEUR ! »

Il me semble qu'en passant en revue les malheurs de tous les âges de la vie de l'homme, ce serait tracer un tableau éminemment philosophique ; nous verrons.

21ᵉ CHARADE.

Avec Messieurs les géomètres,
Mon premier n'a rien de commun;
Et toutefois, au lieu de lettres,
Un signe me nomme à chacun.

Mon second, simple particule,
Ne vaut que par le mot qui suit;
Modestement, sans majuscule,
Sous notre plume il se produit.

Mon entier reçut la prêtrise,
Porta la foi chez l'Africain,
Et mourut prince de l'Église
Dans les bras de son chapelain.

LE POT DE TERRE ET LE POT DE FER,*

FABLE DE LA FONTAINE MISE EN CHANSON.

Air : De tra la la la.

Un jour le pot de fer, désirant voyager,
Propose au pot de terre une pointe à Tanger.
De nos impressions chez les fiers Marocains
Nous tiendrons un journal en vers alexandrins
    Sur l'air de tra la la la,
    Sur l'air de tra la la la,
  Sur l'air de tra deri dera la la la.

Le pauvre pot d'argile allègue sa santé,
S'excuse sur l'excès de sa fragilité :

---

* Voir, page 230, la fable de La Fontaine.

« *Il ne m'est pas permis d'abandonner ces lieux ;*
« *Partez, heureux ami, recevez mes adieux*
 « *Sur l'air de tra la la la,*
 « *Sur l'air de tra la la la,*
 « *Sur l'air de tra deri dera la la la.* »

Son camarade insiste, il dit : « *Ne craignez rien ;*
« *Sur vous je veillerai tout le long du chemin.*
« *Je réponds corps pour corps, confrère, de vos jours.* »
Il le décide enfin par de tendres discours
 Sur l'air de tra la la la,
 Sur l'air de tra la la la,
 Sur l'air de tra deri dera la la la.

De leur dépense en route, en donnant des concerts,
Les deux pots comptent bien être plus que couverts.
L'un prend son flageolet qui rend les plus doux sons ;
L'autre fait un paquet des plus belles chansons
 Sur l'air de tra la la la,

Sur l'air de tra la la la,
Sur l'air de tra deri dera la la la.

Nos touristes gaîment, côte à côte placés,
Partent de grand matin, tant ils étaient pressés.
Le plus faible des deux bientôt fait un faux pas,
Heurte son compagnon et se brise en éclats.
Ici, plus de tra la la la,
Et chacun conçoit cela,
On ne peut plus chanter après ce malheur-là.

SUR LE MOT BONNET.

Air : Un chanoine de l'Auxerrois.

Laissant à l'humble marmiton
L'antique bonnet de coton,

Bien qu'il fût très-commode,
D'un foulard, souvent mauvais teint,
Il faut que notre front soit ceint,
    Que l'on s'en accommode.
Plus sages étaient nos aïeux;
Mais de nos jours, jeunes et vieux,
        Nous aimons mieux
        Avoir froid aux yeux *
    Et nous dire à la mode.

Du plus riche bonnet porté
Par une sévère beauté,
    J'aime peu l'étalage.
Le petit béguin, de côté,
Sur un joli minois jeté,
    Me plaît bien davantage.
Luxe, imposante dignité,

* Un des avantages du bonnet de coton était de pouvoir l'amener l'hiver jusque sur le nez.

Ne valent pas, en vérité,
  Simplicité,
  Naïve gaîté,
 Parure du jeune âge.

Mettant son bonnet de travers,
Un homme affecte de grands airs,
 En spadassin se pose.
Il dit s'être battu cent fois
Des armes en laissant le choix ;
 Ce faux brave en impose.
Il a reçu plus d'un soufflet,
Sans jamais prêter le collet ;
  Humilié,
  Traité sans pitié,
 La paix il vous propose.

La robe noire, le bonnet
De plus d'un docteur à brevet

Nous cachent l'ignorance;
En marchant toujours gravement,
Comme un doyen de parlement,
  Il sauve l'apparence.
Feignant d'être distrait, rêveur,
Pour se donner l'air d'un penseur,
  Il parle peu
  Dans le même lieu,
  C'est toute sa science.

Sous son bonnet, le gazetier,
Dont il faut plaindre le métier,
  Prend plus d'une nouvelle.
Le public y croit un moment;
Bientôt après on la dément,
  Pour tromper de plus belle.
Nous sommes ainsi condamnés
A vivre de canards mort-nés.
  Chaque journal,

*Ce repas frugal
Sert à sa clientèle.*

*Par-dessus les moulins à vent
Sont jetés, hélas! trop souvent,
Bonnets de toute sorte.
Puisse le bonnet rouge, enfin,
En France prendre ce chemin,
Et que Satan l'emporte.
Je le dis ici franc et net :
Des démocs lavant le bonnet,
Oui, je voudrais
Chasser à jamais
L'infernale cohorte.*

DIALOGUE

ENTRE LE PÈRE LA CHIQUE ET CADET GIGOUX, MAÇONS PAS DU TOUT COMMUNISTES.

Air : V'la c'que c'est q'd'aller au bois.

LE PÈRE LA CHIQUE.

Dis donc, Cadet, crois-tu, mon vieux,
Qu'au jour d'aujourd'hui tout soit mieux ?
Depuis q'nous sommes censés frères,
    Dieu que de misères,
    On n'fait plus d'affaires,
Chacun s'dispute l'command'ment
C'n'est point là zun gouvernement.

CADET GIGOUX.

Mon pauvre ami, n'm'en parle pas,
La France est mise dans d'beaux draps;
Faut qu'elle aille au bout d'la glissoire;
 Et d'not'temps l'histoire
 On n'voudra pas croire.
Comm' toujou's l's'innocents vexés
Devront payer les pots cassés.

LE PÈRE LA CHIQUE.

D'un tas d'faignants certains flatteux,
C'est clair comme un et un font deux,
Nous ont bâclé la République.
 Comm'j'ai nom La Chique,
 Je n'suis pas d'leu clique;
C'que j'demand', c'est d'vivre honnêt'ment
En travaillant dans l'bâtiment.

CADET GIGOUX.

On a zun'femme, des enfants,
Sans compter ses bons vieux parents,
Eh b'en! ya pourtant des godiches
Qu'approuvent d's'affiches
Ous'qu'on dit : plus d'riches!
Si l's écus des gros n'circulaient,
De quoi que les petits vivraient?

LE PÈRE LA CHIQUE.

Les malins qui font ces coups-là,
Quand on s'bat, ne sont jamais là;
Ils se cachent bien loin derrière;
Mais après l'affaire,
On n'entend qu'eux braire;
À les en croire ils ont tout fait;
Faut avoir un fameux toupet!

CADET GIGOUX.

*Depuis tout ça, n'voyons-nous pas
Doubler l'nombre des scélérats?
Les tribunaux ont fort à faire :
  Le fils vol' son père,
  Assassin' sa mère;* *
Mépriser toute autorité,
C'est c'qu'on appell' la liberté.*

LE PÈRE LA CHIQUE.

*Les honnêt's gens sont divisés,
Les coquins bien organisés;
Il est sûr et certain, confrère,
  Que d'cette manière,
  L'ebien n'peut pas s'faire.*

* Voir la *Gazette des Tribunaux.*

Si l'bon Dieu n'a pas pitié d'nous,
Comment sortir de là, Gigoux ?

Cadet n'ayant pu répondre à cette question, les deux amis vident leurs verres et s'en vont travailler.

TRIBULATIONS DE CERTAINS LOCATAIRES.

Air : Du petit matelot, et beaucoup d'autres.

Malheureux sont les locataires
Dans la disgrâce des portiers :
Cartes, billets, lettres d'affaires
Restent huit jours dans leurs casiers.
On a vu, sous tous les régimes,
Chiffonnés, souvent lacérés,
Les journaux des pauvres victimes
De gouttes de suif illustrés.

Celui qui n'a pas d'équipage
Descend, en sortant, chaque soir,
Dans la loge, selon l'usage,
Soit un flambeau, soit un bougeoir.
Aux dépens du dépositaire
Le concierge, peu scrupuleux.

Pendant une heure ou deux s'éclaire :
D'y mieux voir, moyen peu coûteux.

Une voiture sur la place,
Le priez-vous d'aller chercher?
Celle qui manque d'une glace
De l'hôtel il fait approcher.
Ce que les chats du voisinage
Déposent dans son escalier,
Dût-il faire plus d'un voyage,
Il le met sur votre palier.

De la garde nationale
Chasseur on ne peut moins zélé,
A peine dans la capitale
Votre retour est dévoilé,
Dès le lendemain, de service
Vous êtes vite commandé;
Du portier c'est à la malice
Que vous devez ce procédé.

Rentrez-vous par un temps d'orage,
Mouillé, crotté, n'en pouvant plus,
N'ayant pu, sur votre passage,
Trouver de place en omnibus.
Le portier, qui sait la manière
Dont à la porte vous frappez,
Fait le sourd, et sous la gouttière
Un bon quart d'heure vous restez.

Ne croyez pas que j'exagère
Des portiers tous les mauvais tours :
Ce qu'ils sont capables de faire
Ne se dirait pas en huit jours.
Pour être avec eux en bons termes,
Il faut grassement les payer :
En leurs mains versez-vous vos termes,
Gardez-vous de les oublier.

10ᵉ BOUT-RIMÉ.

—∞—

(Dans l'impossibilité de faire quelque chose qui ait de la suite et le sens commun, avec de pareils mots donnés, j'ai pris le parti de rêver, ce qui permet de déraisonner tout à son aise.)

RÊVES DE L'AUTEUR.

(Mots donnés.)

Je voyais un gros homme à pesante............ Ganache
Au moment d'attaquer un pâté de............. Saumon,
Orné de laurier-sauce en forme de............. Panache.
De la gloutonnerie animé du.................. Démon,
Il caressait aussi, de l'œil, un plat de......... Raie.
Un hôte s'introduit, c'était.................. Garibaldi,*
Qui marque sans façon la maison à la......... Craie**
Et mange du gourmand le repas de............ Midi.
Ce songe évanoui, m'apparaît une............. Autruche

* Général italien qui commandait les insurgés au siége de Rome en 1849.
** On marque les maisons à la craie pour désigner celles qui doivent servir de logement aux militaires dans les villes d'étapes.

Brandissant dans son bec un poignard......... Assassin;
Elle perce de coups une pauvre............... Merluche,
Tout en lui reprochant je ne sais quel.......... Larcin.

A MADAME LA BARONNE DE ***

Ne faites plus de mots semblable............... Mariage,
Et que ces méchants vers vous servent de....... Leçon :
Qu'attendre d'un rimeur sous les glaces de...... L'âge?
Ah! ne lui jetez plus un pareil................. Hameçon!

SUR LE MOT SI,

CONJONCTION CONDITIONNELLE.

Air : Du haut en bas.

Avec un si

Que de châteaux faits en Espagne!

Avec un si

Plus de chagrin, plus de souci.

Le chiffonnier boit du Champagne,
Se croit au pays de Cocagne,
  Avec un si.

 De froid transi,
Tel devant Chevet * *stationne*
 Qui, grâce au si,
Dévore un gros dindon farci.
Devant Nattier, ** *gente personne*
Fait choix d'une fraîche couronne
  Avec un si.

  Avec un si
De son vieil oncle Eugène hérite ;
  Avec un si
Plus d'un parent est riche ainsi :
Le besoin de posséder vite

---

* Célèbre marchand de comestibles du Palais-Royal.
** Fabricant de fleurs artificielles.

A de coupables vœux incite
Dans ce temps-ci.

Avec un si
Maints députés se font ministres.
Avec un si
Que de gens s'élèvent aussi !
Ledru, Louis Blanc, tant d'autres cuistres,
Ourdissent leurs projets sinistres
Avec des si.

Avec un si
Paris serait mis en bouteilles.
Avec un si
Le Rhin coulerait à Poissy.
Deux lettres, lettres sans pareilles,
Opèrent toutes ces merveilles :
Honneur au si !

A chanter si,
L'auteur de ces couplets s'escrime,

Sans savoir si
Bien ou mal il a réussi.
Il veut donc garder l'anonyme,
L'espoir d'un beau succès d'estime,
N'ayant ici.

22ᵉ CHARADE.

MON PREMIER.

De temps je suis une mesure.
Sans d'Arago * *suivre les cours*
Sans des astres savoir le cours,
Me deviner, je vous assure,
Est chose facile; essayez.
Après avoir lu ma charade

* Célèbre astronome.

On revient à cette tirade :
Je suis trouvé... Vous le voyez.

MON SECOND.

On ne me voit jamais qu'à l'état métallique;
Très-modeste ici-bas est mon utile emploi;
Je suis presque toujours de forme cylindrique,
Servant à protéger un plus faible que moi.

MON ENTIER.

A défaut de la poule au pot,
Qu'à tous souhaitait Henri quatre,
Et trop cher étant le gigot,
Forcés sur moi de vous rabattre
Dans vos philanthropiques vœux,
Désirez que je sois en France
Au crochet des plus malheureux;
Mais j'en conçois peu l'espérance.

SUR LE MOT BARBE.

Air : Des fraises.

A la barbe, nous dit-on,
 De droit est la puissance;
L'homme, fier de son menton,
Donne à cet ancien dicton
Croyance, croyance, croyance.

Contre un adage aussi vieux,
 Dédaignant de s'inscrire.
Les filles de nos aïeux,
De notre temps aiment mieux
 En rire, en rire, en rire.

La femme a plus d'un moyen
 Au joug de se soustraire;

Mais ce secret est le sien,
Aussi sait-elle très-bien
Le taire, le taire, le taire.

Maris jaloux et bourrus,
A l'humeur despotique,
Eussiez-vous les yeux d'Argus,
On vous fera d'autant plus
La nique, la nique, la nique.

A ceux-là point de quartier,
Je vous les abandonne;
Qui plaint, dans le monde entier,
De sa femme le geôlier?
Personne, personne, personne.

Les époux qui, bonnes gens,
Abdiquent leur empire,
De soucis sont-ils exempts?

Je ne l'ai, dans aucun temps,
   Ouï dire, ouï dire, ouï dire.

CONCLUSION.

Veux-tu digérer en paix
   Truffes et gelinottes ?
Dans ton ménage permets
   Que ta femme porte les
Culottes, culottes, culottes.

ÉNIGMES ET CHARADES

MISES EN CHANSON.

Air : Des fraises.

23ᵉ CHARADE.

Depuis longtemps mon premier
En musique s'emploie ;
Un bel arbre est mon dernier ;
Des chasseurs est mon entier
La proie, la proie, la proie.

IIᵉ ÉNIGME.

J'habite au plus haut des cieux,
Mais sans en être fière ;
Vous me voyez en saints lieux ;
Je suis, si vous l'aimez mieux,
Rivière, rivière, rivière.

24ᵉ CHARADE.

Sagement de mon premier
Chacun doit faire usage.
Certain nombre est mon dernier ;
Vénérez de mon entier
L'image, l'image, l'image.

12ᵉ ÉNIGME.

J'étais naguère en honneur
Sur la terre et sur l'onde ;
Détrôné par la vapeur,
Jugez quelle est ma douleur
Profonde, profonde, profonde.

25ᵉ CHARADE.

Mon premier et mon second.
Sont chacun une ville.
Non loin d'un golfe profond

Mon tout, lecteur, est le nom
D'une île, d'une île, d'une île.

13ᵉ ÉNIGME.

Tantôt plus puissant qu'un roi,
Nombreuse est mon escorte ;
Tantôt un laquais sur moi,
Lecteur devinez pourquoi,
L'emporte, l'emporte, l'emporte.

26ᵉ CHARADE.

On se rend sur mon premier,
Quoique parfois on fasse.
Nous possédons mon dernier,
Que très-souvent mon entier
Remplace, remplace, remplace.

14ᵉ ÉNIGME.

Je suis un nom d'instrument,
Celui d'un gros navire ;

Vous me croquez lestement.
Sur ce mot plus n'est vraiment
A dire, à dire, à dire.

27ᵉ CHARADE.

A MADAME LA VICOMTESSE DE R***.

Mon premier, chez les uns, aux regards se dérobe,
  Chez d'autres il s'offre à nos yeux.
Nous le possédons tous dans notre garde-robe
  Plus ou moins beau, plus ou moins vieux,
Mais jamais dans l'état qu'un indigent le porte
  Et que désigne mon second.
Parfois dans mon entier on s'anime, on s'emporte,
  Bien que très-bons amis au fond.
Y parle-t-on de vous? alors plus de querelle,
  Oh! chacun s'entend tout d'abord!

Votre éloge se fait, personne n'en appelle,
  Et l'on vous doit d'être d'accord.

28ᵉ CHARADE.

A mon premier qui porterait envie ?
Il naît, hélas! et bientôt perd la vie ;
Mais son passage est utile ici-bas.
Nous lui devons d'occuper bien des bras
Dont les produits, d'une haute importance,
Depuis longtemps font honneur à la France.
Que mon second soit prononcé par vous,
  Ce mot charmant s'adresse à votre époux,
  Tant mon entier a toujours su vous plaire,
  Personne ici ne dira le contraire.

SUR LE MOT PORTE.

Air : Du petit matelot.

A qui des écus vous apporte,
Se montre à payer diligent,
Ouvrez à deux battants la porte,
De votre air le plus obligeant (bis).
Si d'un créancier la visite
Dans la maison s'adresse à vous,
A cet indiscret fermez vite,
Sans faire de bruit, les verrous (bis).

De mettre la clef sous la porte
Est chose commune aujourd'hui ;
Le commerçant sa caisse emporte,
On ne trouve plus rien chez lui (bis).
Avec les gros perdants il traite ;
Les titres des petits, souvent,
La justice étant satisfaite,
Ne sont bons qu'à jeter au vent (bis).

Aux portes de tout ministère
Se pressent les ambitieux;
Ils font des saluts jusqu'à terre
A qui gouverne dans ces lieux (bis).
Que cette Excellence éphémère
A l'hôtel fasse ses adieux,
Avec le nouveau dignitaire
Vous les voyez se mettre au mieux (bis).

Pour le riche, de porte en porte,
Lui ne quitte pas son divan,
Certain facteur des cartes porte
Le premier jour du nouvel an (bis).
Forcés d'en placer une botte,
Qu'il pleuve ou que souffle l'autan,
Les subalternes, dans la crotte,
Par devoir prennent leur élan (bis).

Orphise ses amis invite;
Chez elle une lecture a lieu.

Poliment, de cour, l'eau bénite,
Se donne à qui lit en ce lieu (bis).
A peine a-t-il gagné la porte,
Qu'il n'a plus un admirateur;
On tombe, et non pas de main morte,
Sur le malencontreux auteur (bis).

Dans toutes les prisons pour dettes
Un millionnaire est très-bien.
Aux pauvres diables les chambrettes,
A lui beau logement, bon vin (bis).
Ouvrard * n'avait qu'un mot à dire,*
De Clichy la porte s'ouvrait;
Mais y festoyer, boire et rire,
A s'acquitter il préférait (bis).

* Ouvrard, célèbre fournisseur du temps de l'empire, fut écroué à Clichy comme débiteur du sieur Séguin, son coassocié; il commença par payer les dettes de ses voisins, pour ajouter leurs appartements au sien, et mena joyeuse vie dans sa prison pendant cinq ans, temps de détention fixé par la loi.

Dans les villes, à la campagne,
Par ses écrits, par ses propos,
On sait ce que fait la Montagne
Pour nous plonger dans le chaos (bis).
A tous ces fauteurs d'anarchie,
Portes de l'enfer, ouvrez-vous;
Que des socs, la terre affranchie,
L'ordre enfin règne parmi nous (bis).

COUPLET D'UN AMI DE L'AUTEUR
EN LUI RENVOYANT SA CHANSON.

—∞—

Air : N'en demandez pas davantage.

Après avoir lu tes couplets,
Charitablement je t'exhorte
A ne m'en adresser jamais
Ou je les consigne à ma porte.
    Crois-moi, mon garçon,
    Sois plutôt maçon :
Boileau s'exprimait de la sorte (bis).

RÉPONSE DE L'AUTEUR.

Air : Du petit matelot.

De l'Hélicon, dis-tu, la porte
Ne s'ouvrira jamais pour moi?
J'en prends mon parti, peu m'importe;
Dans l'avenir grande est ma foi (bis).
Aux gais propos, aux chansonnettes,
Le Français un jour reviendra;
Comme autrefois, sur ses tablettes
Joyeux couplets il écrira (bis).

FIN.

LA BESACE.

Jupiter dit un jour : Que tout ce qui respire
S'en vienne comparaître aux pieds de ma grandeur ;
Si dans son composé quelqu'un trouve à redire ,
    Il peut se déclarer sans peur ,

Je mettrai remède à la chose.
Venez, singe; parlez le premier, et pour cause.
Voyez ces animaux, faites comparaison
   De leurs beautés avec les vôtres.
Êtes-vous satisfait ? — Moi! dit-il, pourquoi non ?
N'ai-je pas quatre pieds aussi bien que les autres ?
Mon portrait, jusqu'ici, ne m'a rien reproché;
Mais pour mon frère l'ours, on ne l'a qu'ébauché;
Jamais, s'il me veut croire, il ne se fera peindre....
L'ours venant là-dessus, on crut qu'il s'allait plaindre.
Tant s'en faut : de sa forme il se loua très-fort;
Glosa sur l'éléphant, dit qu'on pourrait encor
Ajouter à sa queue, ôter à ses oreilles;
Que c'était une masse informe et sans beauté.
  L'éléphant étant écouté,
Tout sage qu'il était, dit des choses pareilles :
  Il jugea qu'à son appétit
  Dame baleine était trop grosse.
Dame fourmi trouva le ciron trop petit,
  Se croyant, pour elle, un colosse.

Jupin les renvoya s'étant censurés tous ;
Du reste contents d'eux ; mais parmi les plus fous
Notre espèce excella ; car tout ce que nous sommes,
Lynx envers nos pareils et taupes envers nous,
Nous nous pardonnons tout et rien aux autres hommes :
On se voit d'un autre œil qu'on ne voit son prochain.

Le Fabricateur souverain
Nous créa besaciers tous de même manière,
Tant ceux du temps passé que du temps d'aujourd'hui.
Il fit pour nos défauts la poche de derrière,
Et celle de devant pour les défauts d'autrui.

LE POT DE TERRE ET LE POT DE FER.

—∞—

Le pot de fer proposa
Au pot de terre un voyage ;
Celui-ci s'en excusa,
Disant qu'il serait plus sage

*De garder le coin du feu,
Car il lui fallait si peu,
Si peu, que la moindre chose
De son débris serait cause :
Il n'en reviendrait morceau.
— Pour vous, dit-il, dont la peau
Est plus dure que la mienne,
Je ne vois rien qui vous tienne.
— Nous vous mettrons à couvert,
Répartit le pot de fer.
Si quelque matière dure
Vous menace d'aventure,
Entre deux je passerai
Et du coup vous sauverai....
Cette offre le persuade.
Pot de fer son camarade
Se met droit à ses côtés;
Mes gens s'en vont à trois pieds,
Clopin-clopant, comme ils peuvent,
L'un contre l'autre jetés*

Au moindre hoquet qu'ils treuvent.
Le pot de terre en souffre : il n'eut pas fait cent pas
Que par son compagnon il fut mis en éclats,
    Sans qu'il eût lieu de se plaindre.
Ne nous associons qu'avec nos égaux ;
    Ou bien il nous faudra craindre
    Le destin d'un de ces pots.

TABLE DES MATIÈRES

CHANSONS.

Le premier accès de goutte de l'auteur.................................	7
La veille de saint René..	10
Portrait de Lise...	23
Envoi de ma boîte à couleurs..	31
Les choux vengés..	36
Souvenirs d'une visite faite à Sainte-Croix....	47
Origine du nom de Trompe-Souris...	78
A Mme la Vicomtesse de^{***}................................... ...	93
La besace...	120
Une élection..	174
Banquet offert à Ledru-Rollin...	182
Sur le mot Bonheur...	189
Le pot de terre et le pot de fer......................................	195
Sur le mot Bonnet..	197
Dialogue entre le père La Chique et Cadet Gigoux.....................	202
Tribulations de certains locataires...................................	207
Sur le mot Si..	211

Sur le mot Barbe. 216
Sur le mot Porte. 224
Couplet d'un ami de l'auteur en lui renvoyant cette chanson. 227
Réponse de celui-ci. 228

CHARADES.

1re Qui veut se faire mon second.	17
2e Au bruit de mon premier.	17
3e Si mon premier vous appartenait.	22
4e Qu'est-ce que mon premier.	28
5e Sans jamais se faire prier.	29
6e Un oiseau de triste renom.	34
7e Mon premier, mon second, enfants du même père.	39
8e On sait le goût des Grecs pour les fêtes publiques.	41
9e Avec mon premier, cher lecteur.	60
10e Réveillé beaucoup trop matin. .... ·.................	63
11e Sachez, lecteur, que mon premier.	70
12e Bien qu'ustensile de ménage.	72
13e Séparé de sa sœur, que jamais il ne quitte.	76
14e Ne pas posséder mon premier.	86
15e Pour vous signaler mon premier.	87
16e Le nom d'un saint évêque est ici mon premier.	90
17e Grâce aux analyses chimiques.	125
18e Si je m'offre à vos yeux sous ma forme ordinaire.	126
19e Mon premier, cher lecteur, fils du Maître des Dieux.	128

20ᵉ Bien que du genre féminin.. 129
21ᵉ Avec Messieurs les géomètres.. 194
22ᵉ De temps je suis une mesure... 214
23ᵉ Depuis longtemps mon premier.. 219
24ᵉ Sagement de mon premier... 220
25ᵉ Mon premier et mon second... 220
26ᵉ On se rend sur mon premier.. 221
27ᵉ Mon premier chez les uns.. 222
28ᵉ A mon premier qui porterait envie... 223

ÉNIGMES.

1ʳᵉ A l'état froid, à l'état chaud... 22
2ᵉ Je suis un type imaginaire.. 42
3ᵉ Souffrez qu'ici pour un infortuné... 44
4ᵉ Je présente ici-bas de singuliers contrastes............................... 58
5ᵉ A droite comme à gauche on peut lire mon nom......................... 58
6ᵉ De la zone torride aux plus âpres climats.................................. 61
7ᵉ Je fus jadis pape et martyr... 68
8ᵉ A chacun son rôle ici-bas.. 73
9ᵉ Je reçois chacun sans façon.. 81
10ᵉ On me fête dans mainte église.. 86
11ᵉ J'habite au plus haut des cieux... 219
12ᵉ J'étais naguère en honneur... 220

13ᵉ Tantôt plus puissant qu'un roi 221
14ᵉ Je suis un nom d'instrument..................................... 221

LOGOGRIPHES.

1ᵉʳ Cinq lettres composent mon nom............................. 30
2ᵉ Neuf est le nombre de mes pieds............................. 43
3ᵉ Le mot qu'à deviner je donne ce matin...................... 62
4ᵉ Dans les cinq pieds dont je suis composé.................... 74
5ᵉ Pour déguiser le mot qu'à deviner il donne................. 74
6ᵉ Je suis, chacun le sait, avec mes quatre pieds............. 82
7ᵉ Cherchez dans mes six pieds un mont....................... 89
8ᵉ Je figure, lecteur, au rang des hexapodes.................. 90
9ᵉ Je suis autant que vous heureux et fier qu'en France...... 119

BOUTS-RIMÉS.

1ᵉʳ Tous les hommes déchus de leur noble origine.............. 16
2ᵉ J'aimerais mieux coucher avec un hérisson.................. 27
3ᵉ Est-ce pour m'engager à vous faire un rondeau............. 57
4ᵉ Je viens de l'Institut, quel foyer de lumières............. 59
5ᵉ Le vrai sage, ici-bas content de sa fortune................ 69
6ᵉ La gazette de Chine, annonçant de Pékin.................... 77
7ᵉ Mesdames et Messieurs entrez dans ma baraque.............. 92
8ᵉ De Villars n'ayant su pénétrer le dessein.................. 124
9ᵉ De battre, de piller, de sabrer la volaille............... 127
10ᵉ Je voyais un gros homme à pesante ganache................. 210

SONNET.

De jeunes femmes un essaim.. 18

PIÈCES DIVERSES.

Dans le département de... 66
Courte histoire.. 94
A Mme de ***.. 173

TRAGÉDIE.

Mistouflette... 99

PROVERBE.

Il n'y a pas de roses sans épines.. 131

ANAGRAMME.

Protais, Thomas, Ursine.. 83

FABLES.

La besace.. 228
Le pot de terre et le pot de fer... 230

www.ingramcontent.com/pod-product-compliance
Lightning Source LLC
Chambersburg PA
CBHW061956180426
43198CB00036B/1260